地球人選書

CHIKYU-JIN SENSHO

講座スピリチュアル学 第4巻

スピリチュアリティと環境

企画・編／鎌田東二

原田憲一
田中　克
湯本貴和
神谷　博
磯部洋明
田口ランディ
津村　喬
大石高典
鎌田東二

BNP
ビイング・ネット・プレス

はじめに——「くらげなす漂える」自然災害の国・日本からの発信

二〇一五年の今年は、阪神大震災とオウム真理教事件二〇年の節目の年にして、かつまた敗戦七〇年の節目の年でもある。そこでいろいろと周年行事が行なわれていてつくづく思うのが、日本という島嶼列島の国はプレートが四枚（ユーラシアプレート、北米プレート、太平洋プレート、フィリッピン海プレート）も重なる、地球上でも濃密特異地質の島で、そのためにどうしようもなく大変動帯の中にあるという、この逃れようのない地質学的事態である。『古事記』の編纂者は、「くらげなす漂える島」（クラゲのように漂っている島国）と大変うまくその特質を表現した。日本がクラゲ島とは大変見事な洞察で、古代人の直覚力と表現力には舌を巻かざるをえない。

そのプレート密集地の日本には、いうまでもなく、地震や津波ばかりか、台風や豪雪や落雷や噴火など、ありとあらゆる「自然災害＝天災」が降りかかってくる。「天災は忘れた頃にやってくる」とは確かに物理学者の寺田寅彦が言った言葉とされるが、しかし彼の書いた文章中には見当たらない。

それはともかく、しばしばあるいは頻繁に「天災」がやってくるので、「人災」的な事故や事件まで「天災」のように受け止めてしまう民族的習性ができあがってしまった。だから、「敗戦」という政治的な責任を問わなければいけない事態も、「終戦」などというあたかも「自然災害＝天災」が通り過ぎて行ったかのような捉え方や言い換えをしてしまい、諦めと忘却と切り替えが早すぎ、そのことも与かって責任追及が格段に甘くなり、うやむやになって「水に流され」てしまう。そのような歴史の繰り返しがこの日本列島上で展開した。

このような日本人のありように、日本列島という「風土」や「環境」の影響がどれほど関与しているのか？　それを数量的に示すことははなはだ困難であり、証明する理論もデータもない。

だが、『存在と時間』において「世界内存在」と言ったハイデッガーをもじっていうなら、どうしようもなく「自然（風土）内存在」もしくは「環境内存在」であるわたしたちは、「日本列島」という「風土」や「環境」の「中」に、また「上」に、また「下」に在るほかないのだから、そのような自然（風土）従属性や環境従属性の中にあってみれば、いやおうなくその「従属性」を存在函数にしているのは間違いない。

だとすれば、「スピリチュアリティ（霊性）」という、可視化されうる物質的・身体的位相から最も離れているかに見える存在位相も、その実、自然（風土）や環境を函数として成り立っているともいえるだろう。マルクスのように存在が意識を規定するという言い方が唯物論的決定論に過ぎるなら、風土や環境が「スピリチュアリティ」を彫琢すると穏便に表現することもできるだろう。いずれにせよ、土地や風土の問題は、「砂漠の中で一神教が成立した」という言説が一定の説得力を持つほどには大きく、重たい問いとして投げかけられているのである。

このような人間と風土や環境との関係性に対する考察として、内村鑑三の『地人論』（警醒社、一八九七年、初版は『地理学考』と題して同社より一八九四年に刊行）、志賀重昂『日本風景論』（政教社、一八九四年）、和辻哲郎の『風土——人間学的考察』（岩波書店、一九三五年）、梅棹忠夫の『文明の生態史観』（中央公論社、一九六七年）、鈴木秀夫の『風土の構造』（大明堂、一九七五年）『超越者の風土』（大明堂、一九七七年）『森林の思考・砂漠の思考』（NHKブックス、一九八〇年）などがあり、それぞれに鋭く重要な問いと仮説を提起している。『スピリチュアリティと環境』をタイトルテーマとする本巻は、風土や環境と人間との関わりを「スピリチュアリティ」の次元と切り結ばせながら総合的・総体的に捉え、考察しようと意図するものである。

ところで、わたしは二〇一一年三月一一日に起きた東日本大震災の後、同年四月末から行ない始めた東北の被災地調査を、この四年以上にわたりほぼ半年に一回継続して行なってきた。二〇一五年五月初旬には、第九回目の東北被災地追跡調査を行ない、福島県から青森県までの沿岸部を五日間かけて約九〇〇キロ巡った。

このような短期間の「追跡調査」では被災地の状況の全貌を見届けることはできないのはもちろんのことであるが、それでも定期的に定点観測することによってより具体的に現状と変化する事態を見ることができてきていると感じている。被災地で、今どのような問題が起こり、解決がなされ、また未解決なのか、現状を見、生の声を聴くことによって、いろいろと考えさせられ、気づかされることがある。

ここ数回は、福島駅から相馬市の中心地の相馬中村神社に行き、相馬市の仮設寺で活動している浪江町清水寺の林心澄住職にお会いし、浪江町の清水寺まで一緒に行って参拝して近況を伺ってきたが、今回は林住職が法事で忙しかったため、相馬市に向かう途中の「霊山」を越えたあたりでいつもとて

虎捕山山頂の巨石群

も気になりながら時間不足で行けなかった「山津見神社」を参拝することにした。

その名の通り、古くからの聖地霊場である「霊山」周辺は、ホットスポットで放射線量が高い地帯である。二〇一四年四月末の測定では、霊山パークエリアで〇・四～〇・五シーベルト／時であった。もちろん、福島原発一〇キロ圏の浪江町の清水寺ではその比ではない。同年四月二九日の浪江町の熊野山蓮華院安楽坊清水寺の境内前の道路で六・二八マイクロシーベルトと異様に高かった。

ともあれ、「霊山」とも連なる深い山中を迷いに迷って行きつ戻りつしながら四〇分ほど走って山津見神社に到着すると、大きな案内板に「山の恵みに生きる人々の守護神」と書いてあった。そしてその背後をなす山は「虎捕山」と呼ばれていた。

「虎捕山」は神奈備山形式の大変美しい三角形をしていた。山頂にもそのすぐ下にも、一目見て

飯舘村にある特定廃棄物の保管場

霊威溢れる感のある巨石が聳え立っているのが目視できた。凄まじいパワーであった。まさに霊山「虎捕山」であると感じた。

しかしまことに無念なことに、その麓には除染された土盛の山が並んでいた。飯舘村には線量が高いために今なお人が住めないのだ。知られているように、福島原発事故直後の風向きにより、福島原発から北西に位置する飯舘村に放射能が飛散したからだ。そのために、この美しいのどかな山村は「想定外」の放射線汚染に苦しむことになった。その村の苦悩の実態を見せつけられた思いだった。村内には、「特定廃棄物」の巨大な保管場所があった。その「特定廃棄物」保管場所の放射線量計の数値は「一・一五九」マイクロシーベルト／時を示していた。確かに、浪江町の清水寺よりはずっと低いが、それでも他の場所に較べて圧倒的に高い線量である。

それを見て、最初に東北被災地に入った時と同じように、言葉を失なった。原発事故から四年も経っているのに、なぜ今もこんな事態なのか。このどこが「コントロール」されている事態なのか。まったく「コントロール不能」という現実を露呈しているのは明らかではないか。しかしわたしたちは、その「中」で、それと「共」に生きていかなければならない。この解決不能の巨大な壁に直面して暗澹たる気持ちを抑えることができなかった。

人間世界に抽象的な「環境」というものはない。すべて具体的なそれぞれの土地であり場所であり固有名を持っている空間である。福島然り、沖縄然り、広島・長崎然り。そのような固有名を持った環境の問題をスピリチュアリティとの関わりにおいて捉えていくのが本巻の課題である。

さて、本書『スピリチュアル学第四巻　スピリチュアリティと環境』は、「スピリチュアル学」と銘打った全七巻シリーズの第四巻目として編集された。

「スピリチュアル学」とは、こころとからだとたましいの全体を丸ごと捉え、それを生き方や生きがいなどの生の価値に絡めて考察しようとする学問的探究をいう。また大変重要なことであるが、この世界における人間存在の位置と意味についても真剣に問いかける姿勢も保持している。そのような意図や方向性を持ちつつ、心については心理学、体に関しては生理学や神経科学（脳科学）、魂については宗教学や神学といったような、従来の細分化された専門分野に限定されてきた学術研究の枠を取っ払って、こころとからだとたましいと呼ばれてきた領域や現象をホリスティック（全体的）に捉えようとしたのが本シリーズである。

本「スピリチュアル学」全七巻の構成は次の通りである。

第一巻　スピリチュアルケア
第二巻　スピリチュアリティと医療・健康
第三巻　スピリチュアリティと平和
第四巻　スピリチュアリティと環境
第五巻　スピリチュアリティと教育
第六巻　スピリチュアリティと芸術・芸能
第七巻　スピリチュアリティと宗教

この「スピリチュアル学」全七巻の最初の三巻を「スピリチュアルケア」と「スピリチュアリティと医療・健康」と「スピリチュアリティと平和」とし、そして第四巻目を「スピリチュアリティと環境」としたことには理由がある。

第一巻を「スピリチュアルケア」とした理由は、「心のケア」が社会問題となった一九九五年に起こった阪神淡路大震災から一六年を経て二〇一一年に起きた東日本大震災の後の社会を一人ひとりがどう生きぬいていくかという喫緊の深刻な実存的問題にまず取り組むべきだと考えたからである。「心のケア」から「スピリチュアルケア」への展開がこの一六年で具体的に進行していると考えたからだ。そして第二巻「スピリチュアリティと医療・健康」では、その具体的な進行と展開を主として身体の側から検討した。「心のケア」と「霊的なケア」を踏まえて「体のケア」と、「霊・魂（心）・体」全体の「ケア」を考えようとしたのである。こうして次に、第三巻「スピリチュアリティと平和」において、「社会のケア」あるいは「人間関係や集団間のケア」の問題を考察し、「宗教間の対立」と「文明の衝突」を超えていく宗教間対話や地球倫理や共助や公共とスピリチュアリティとの関係を考察した。

こうした問いかけのステップの上に、「スピリチュアリティと環境」を課題にする本巻がある。序章では、「環境」が「地球」の中にあることを踏まえて変化する地球の中での生命と人間の位置とワザを確認し、具体的な固有名を持つ「地域」の中でどのようなかたちを形成し思想を生み出していったかを第一部「地域のかたちと思想」で取り上げ、続いて、第二部「環境の位相とグラデーション」で環境の聖性や超越性の次元をさまざまな角度から考察し、終章では日本の環境思想の根幹にある観念や価値を検証する。

第一巻、第二巻、第三巻同様、本第四巻の各論者の提起する問いかけと探究と解決への取り組みから、生のヒントと活力を得ていただければ企画・編者としてこれにすぐる喜びはない。

鎌田東二

目次◉講座スピリチュアル学 第四巻　スピリチュアリティと環境

序章

地球のスピリチュアリティ

原田憲一

一　自然と芸術

1　多様性へのはじまり

哲学者の小林道憲は最新刊で、自然と芸術の関係を次のように述べている。

この宇宙は、天体にしても、物質にしても、生命にしても、運動するものとして、その軌跡という形でも無限の動く形を生み出し、さらに、成長し発展し進化するものとしても、無数の変容する形を生み出してきた。しかも、その形は、それ自身つくられながら同時につくるものとして、常に変化する形態として、自己を表現してきた。この宇宙は形を生み出す力であり、形を創り出し続ける創造的宇宙である。この地上に一瞬咲き出た一輪の名もなき小さな花の形も、創造的宇宙の働きの中からふと現われ出てきた一つの出来事なのである。

人間の営む芸術も、確かにそれは人為的な創作ではあるが、これも宇宙的創造の延長なのではないか。（後略）

制作には、芸術家の意志や意図を超えた力が加わっている。芸術家は、いわば宇宙の創造力に助けられて制作している。宇宙的力が芸術家を通して作品を作らせているとも言える。その意味では、芸術家の創作それ自身が、宇宙の形成作用の一環の中にある。（後略）

（『芸術学事始め——宇宙を拓くもの』中公叢書、二〇一五年、二〇五—二〇六頁）

おそらく、この主張は近代科学（＝西欧科学）に馴染んだ者にとっては頷きがたいものであろう。なぜならば、原子論と機械論に基づいた近代科学は、自然を以下のように捉えているからである。すなわち、この宇宙を構成するエネルギーと物質（大部分は正体不明のダークエネルギーとダークマターとして存在）の総量は一三八億年前の宇宙誕生時に偶然決まったものであり、宇宙は、重力と電磁気力そして原子核内で働く弱い力と強い力という四つの力に支配されて、機械的に動いているにすぎない。機械時計の針の動きに何ら意味はないし、目的もないのと同じで、宇宙の運動に意味はないし、進化にも目的はない。複雑な有機体である生き物も偶然の産物であり、過去四〇億年に亘る生き物の進化の道程も偶然である。当然、人間も生物進化の一段階で偶然に出現した一種にすぎず、その存在に必然的な意味はない。ましてや人間が果たすべき使命などあるはずがない、と。

しかし、地球四六億年の進化史を紐解けば、そこには明確な方向性が見出せる。地球は、地球自体のダイナミックな運動によって、また地球全体の営みが育んでいる生命圏の進化によって、一貫して美しくなってきたのである。さらに、地球から眺める宇宙には無数の星がきらめいているが、宇宙スケールで見れば、今の宇宙がもっとも美しいといえるのである。数千億年後には多くの星が、数兆年後にはすべての星が燃え尽きて、宇宙は暗黒の世界になると予想されているからである。

ちなみに、ここでいう「美しさ」は「調和した多様性」を意味している。ここで、「美しさ」とは人間だけが認識できる価値でしかない、という反論があろう。だがそれは、西欧近代の人間中心主義に縛られた考え方である。なぜならば、確かに人間の脳は高度に発達しているものの、その基本設計は古生代デボン紀の原始魚類と同じであり、魚類から人間までの間に大きな断絶はない。つまり、人間がもつ知能は、他の動物がもつ知能と連続している。当然、自然の景観や動植物の姿に「美しさ」を認める能力も、人間に固有のものだとはいえず、動物が徐々に進化させてきた認知能力の一つなのである。

以下に、地球の歴史を概観してみよう。

2 美しくなってきた地球

(1)地球の誕生

地球を含む太陽系が生まれたのはおよそ四六億年前である。原始太陽の周辺に直径一〇キロメートル程度の微惑星（隕石）が無数に誕生し、それらが衝突して、一〇〇万年たらずで、現在の火星くらいの大きさの原始惑星が数十個誕生した。その後、原始惑星は互いに衝突を繰り返し、消滅、成長を重ねた。地球はおそらく一〇個、金星は八個、水星は三個の惑星と衝突して成長したと考えられている。

誕生直後の地球は、赤黒く光る高熱の「火の玉」であった。地表を覆うマグマ〔岩石が溶けたもの〕の海のなかで重い鉄とニッケルが中心に沈み込んで核を形成し、核のまわりに岩石質のマントルを形成していった。そして、成層構造が完成したとき、最後の大衝突（ジャイアント・インパクト）が生じた。火星サイズの惑星と衝突したのである。惑星と地球のマントルは溶けて融合し、宇宙空間に飛び散ったマグマ片の大部分は地球に落下した。残りは土星の輪のように地球の周りに広がり、その後互いの引力で引き合って集積し、わずか一ヵ月間で月が誕生した。

(2)月の働き

月は地球の自転軸を安定させ、結果的に気候を安定させた。海の誕生後は、潮汐作用を引き起こしている。大陸周辺で生じる潮流は、陸から運ばれてくる栄養分を沿岸域に拡散させて生き物を養っている。また、夜空を照らす月の光は、サンゴやウニなどの海の生き物の生殖行動をも調節している。陸上動物が出現してからは、夜行性動物の進化を促した。たとえば哺乳類は、恐竜と同じく中生代の初期に出現したが、恐竜の影におびえて、夜行生活を強いられた。そのため、視力よりも聴力が発達し、恐竜よりも相対的に脳が発達したといわれている。もし月がなければ、地球の姿はまったく異なったものになったはずである。

大衝突で生じたマグマの海から膨大な量のガス（水蒸気、二酸化炭素、窒素など）が噴出したので、地球は一〇〇気圧以上もある原始大気に包まれて「霞の玉」になった。しかし、地球周辺の隕石がすべて地球に引き寄せられた後は、マグマは冷え固まって玄武岩（鉄とマグネシウムを多く含んだ黒色から灰黒色の火山岩）となり、地殻を作った。大気中の水蒸気は冷えて凝結し、集中豪雨となって数千年間も地上に降り注いで、海が誕生した。地球は約三〇〇〇メートルの海水に覆われた「水の玉」になったのである。

原始の海水は高温で強酸性だったので、海底の玄武岩からさまざまな無機物が溶け出した。水質が中和されると、二酸化炭素が海水に溶け込み、海水中のカルシウムと結びついて炭酸カルシウムとなって沈殿して、石灰岩（堆積岩）となった。一方、海水には、落雷や火山噴火などで生じた単純な有機物が蓄積していった。そして約四〇億年前、そうした有機物が材料となって生命が誕生した。誕生の場は、海底火山付近の熱水噴出孔ではないか、と推測されている。

(3) 大陸の出現と岩石圏の進化

海の誕生で硬い海洋地殻（＝海洋プレート）が形成され、活発なマントル対流によって三八億年前からプレート運動が始まった（後述）。海洋プレートが他のプレートの下にもぐってマントル内部に沈み込む場所（沈み込み帯）では、海水を含んだ玄武岩がマントルの熱で部分的に溶けて、水と珪素とアルミニウムに富んだ花崗岩質のマグマを生じた。それが地下で冷え固まると、玄武岩よりも軽くて白い花崗岩（深成岩）になった。地表に噴出すると、玄武岩と花崗岩の中間の性質を持った安山岩（火山岩）となった。それまで玄武岩しかなかった地球に鉱物組成・化学組成が異なる二種類の火成岩が付け加わったのである。

当時の地球内部は今よりもずっと高温だったので、マントル対流は活発で、プレート運動も激しかった。そのため日本やジャワのような火山列島（島弧）があちこちの沈み込み帯にできた。プレートに乗って移動した島弧は、他の島弧と衝突して島大陸に成長した。地球は水色の地に斑点が入った「斑の水玉」になったのである。そして、二五億年前、島大陸がさらに成長してオーストラリア大陸ほどの大陸となったが、内陸部は無論のこと、海辺にも植物の姿はなく、むき出しの大地が広がっていた。以後、大陸は分裂と合体を繰り返して、地表環境は、地形の点でも岩石の種類の点でも、一貫して多様化し複雑化した。

(4) 山脈の形成

大陸同士が衝突する際、挟まれた海底に分厚く溜まった地層（主に堆積岩）が圧縮されて褶曲《しゅうきょく》（地層の折れ曲り）し、ヒマラヤやアルプスのような巨大な山脈が形成される。この過程を造山作用という。その際、一〇〇〇キロメートル以上も続く地層が両端から押されて弧状に撓み、中央部が数キロメートルも隆起して、グランドキャニオンのあるコロラド台地のような、平坦な台地を作る。そこに川や氷河が流れると、数百万年後にグランドキャニオンのような大峡谷が発達する。そして、隆起を続ける台地の大部分が浸食された後に残った峰の連なりが山脈となる。西欧やシベリアの平坦な大地が長年の浸食作用の産物であることはよく知られているが、ヒマラヤやアルプスなどの険しい山脈も激しい浸食作用の産物なのである。

巨大山脈が形成される場を造山帯という。造山帯の地下深部では、堆積岩や火成岩（深成岩と火山岩）

などが高い温度や圧力を受けて変成し、固くて艶のある変成岩となる。

大陸は衝突するたびに成長する。造山帯で新たな大陸地殻（花崗岩と変成岩）が生じるからである。多くの大陸が合体して、パンゲアのような超大陸ができると、大陸地殻の底に大量のマグマが発生し、そのマグマが上昇すると大陸地殻が割れて超大陸が分裂する。分離した大陸は離散して、大陸間に新しい海が広がるが、数億年後には再び集合して超大陸を作る。この億年を単位とする周期的な大陸移動が、山脈や地溝帯、海岸線などの壮大な大地形を作り出しただけでなく、地下構造や地質、気候や気象など多くの点で、地球環境を分化し、景観を多様化したのである。しかし、それは決して混沌化や無秩序化ではなく、調和のとれた多様化であった。

(5) 堆積岩の進化

大陸の縁辺部で地殻変動が生じると、地表に起伏が生じて、海岸線は砂浜・磯・岬などに分化し、海底地形も複雑化した。月の引力による潮汐力は同じ緯度なら一定だが、入り組んだ海岸線と複雑な海底地形の組合せによって、地域的に大きな潮位が生じる。すると、干潮時に広大な干潟ができ、上げ潮の時には激しい潮流が起こる。一方、周辺海域ではさまざまな堆積岩が新たに生じた。陸上で岩石（鉱物の集合体）が風化すると、礫・砂・泥といった大小さまざまな粒子（砕屑物）が生じ、河川や風で運ばれて、扇状地・河川敷・氾濫原・湖沼・河口（デルタ）・内湾（干潟）・陸棚・深海底といった場所（堆積盆）に堆積して、それぞれ礫岩・砂岩・泥岩となった。

内陸の乾燥地域では砂漠が発達し、所によっては大砂丘が形成された。砂漠では、赤い酸化鉄（鉄錆）

の被膜をまとった丸い石英粒子を主体とする特徴的な赤色砂岩が形成された。乾燥地域にある湖（塩湖）や内湾では、盛んな蒸発によって、湖水や海水に溶けていた物質が析出し、石灰岩・石膏・岩塩などの蒸発岩ができた。陸上火山の周辺では、溶岩流が谷間をせき止めて湖を作ったり、滝を作ったりする。また、火山灰や軽石が降り積もってできる凝灰岩や火砕流が作る火砕岩など、火山性砕屑物からなる堆積岩もできる。有名な大谷石は海底に溜まってできた凝灰岩である。凝灰岩や火砕岩は浸食されやすいので、特有の景観を作り出すことが多い。また、多孔質で地下水を通しやすいので、火山周辺には白糸の滝のような美しい景観が発達することが多い。

(6)水圏と大気圏の進化

原始海洋が誕生して、温まりにくく冷めにくい海水が地表を覆うと、昼夜や緯度による温度差が減少した。強酸性だった海水が中和されると、大気の主成分である二酸化炭素が海水に溶け込んで温室効果は減少し、気温が低下した。また、雨水に二酸化炭素が溶け込んでできる炭酸水は、陸上の岩石を効果的に溶かすので、溶け出したカルシウムは炭酸と結びついて石灰岩となり、さらに大気中の二酸化炭素を減らしていった。

大陸ができると、初めて淡水（陸水）が生じた。雨水が河川や湖沼に溜まるようになったからである。地下に浸透した雨水は地下水となり、断層に出会うと地表に湧き上がって泉となり、地下に石灰岩があった場合には鍾乳洞を形成する。

地殻に圧縮や引っ張りの力が加わると岩盤が割れて断層が発達する。断層が生じると、一方は隆起して山地となり、他方は沈降して盆地になる。このため、平野と山地の境界は活断層で区切られていて、山沿いの断層に沿って温泉や名水が直線的に並ぶことが多い。

大陸がない時代には、大気は海面を吹き抜けるだけだったので、偏西風や貿易風などの大気の流れ（風系）は単純であった。風によって吹き流される海水の流れ（海流系）も同様に単純であった。しかし、大陸ができると、風が山脈に遮られたり、海と陸の間に生じる夏冬の温度差によってシベリア寒気団のような地域的な風が生じるなど、風系は分化した。また海岸付近では昼夜の温度差によって、海風と陸風が交互に吹くようになった。海流系も、風系の変化と陸地による流路の遮断などによって分化した。

原始大気は二酸化炭素と窒素からなり、酸素は海水にも含まれていなかったので、海で誕生した原始的な単細胞生物は無酸素状態で進化した。二七億年前に遊離酸素発生型の光合成を行うシアノバクテリアが出現して、二五億年前から大陸周辺の浅い海で大繁殖した。

シアノバクテリアは大気中の二酸化炭素を有機物に変え、気体の酸素を海水中に放出した。そのため大気の二酸化炭素は減りつづけ、気温は徐々に低下した。酸素は有機物を酸化して分解するので、当時の生き物にとって猛毒であった。だが幸いにも、酸素は海水に溶け込んでいた鉄と結びついて赤い酸化鉄となって海底に沈殿した。その産物がオーストラリアやインドに分布する縞状鉄鉱層で、世界の鉄資源になっている。海水中の酸素は五億年もかけて徐々に増えていったので、その間に生き物は酸素を利用できるように進化した。二〇億年前には縞状鉄鉱層の形成もほぼ終わり、海水に溶け込んだ酸素は大気に漏れ出した。そのため、陸上の鉄は酸化されて、地表の砂粒は酸化鉄の皮膜で覆われて赤くなった。グランドキャニオンに行くと、当時堆積した真っ赤な砂岩を見ることができる。

3　地球と生き物の共進化

タイムマシンに乗って時代を遡れば、手つかずの美しい自然に出会えるものだと思い込んでいる人は多いが、誤解である。今の地球がもっとも美しいのである。主な原因は、地球が自らの動きで海と陸の環境を分化し、景観を多様化したからである。さらに地球環境の変化に対応して生き物も進化を重ねて、景観に彩りを添えてきた。たとえば、現代、カナダ観光の目玉である、針葉樹に囲まれたロッキー山脈の雪景色は、第四紀の氷河に固有な景観である。氷河そのものは二三億年前にも七億年前にもあったので、同じような氷河地形ができていたはずだが、そこには森林やお花畑はもとより、グリズリーやオオツノシカ、青空を舞う鳥などの生き物は見当たらない。山岳氷河の景観でさえ、生き物の存在によって、より美しくなっているのである。

⑴大型生物の歴史

先に述べたシアノバクテリアの出現で大気中の二酸化酸素が減少する一方で酸素が増えていったが、海水中の生き物はすべて単細胞であった。約七億年前、地球が急激に寒冷化して、熱帯地方までが巨大な氷床に覆われた。地球全体が凍てついた「氷の玉」となったのである。しかし、一部の単細胞生物は、海底火山や温泉を利用して、氷に閉ざされた世界で生き延びた。そして、氷床が消滅した後のエディアカラ紀（五・六億年前）には植物プランクトンが爆発的に増殖した。大気の酸素濃度が〇・

二パーセントから一七パーセントへと急上昇した結果、成層圏でオゾン層が形成された。そして地表に届く有害な紫外線が激減したことで、養分が豊富な温かくて浅い海で単細胞生物が多細胞化し、軟らかい膜で包まれたクラゲやウミエラのような大型生物が一〇〇種以上も出現した。

五・四億年前の古生代カンブリア紀に入ると、おなじみの三葉虫やアノマロカリスのような硬い殻をもった大型動物が一万種以上も出現して「食う・食われる」の関係（食物連鎖）が確立し、一挙に海の世界は賑やかになった。次のオルドビス紀には魚類とともにサンゴ礁が出現し景観に彩りを加えた。

陸上生物の出現はシルル紀（四・二億年前）である。まず、藻類から進化した原始的な苔とシダ類が淡水域の水辺に繁茂し、続いて昆虫の祖先が上陸した。昆虫はもっとも成功した陸上動物で、現在の陸上動物の七割を占めている。植物の上陸によって土（土壌）が形成され、陸地の浸食速度は大きく減少した。一方、土の内部で岩石片や鉱物の風化が進むことで、二酸化炭素の消費が促進された。

次のデボン紀には淡水域で魚類が大発展して、同紀末（三・六億年前）に魚から進化した両生類が上陸した。現在の脊椎動物は皆、この時代の魚の体制（ボディ・プラン）、つまり頭と尻尾が一つで手と足が二本、そして二つの耳と目と一つの鼻と口という体制と脳の構造（先述）を引き継いでいる。

石炭紀には胞子植物（シダ類・トクサ類・ヒカゲノカズラ類）が巨木化した。海岸付近の低湿地に鬱蒼とした森が形成されたものの、内陸部には未だ不毛の大地が広がっていた。森林内部の倒木は土砂に埋まって石炭を形成した。世界の大炭田は、主にこの時代と中生代ジュラ紀に形成されたものである。本来ならば、光合成で生じた酸素は、有機物の酸化に消費されるが、この時代は倒木が次々と埋められたために消費されず、石炭紀後期（三・一億年前）には大気の酸素濃度は三五パーセントにも達して、昆虫が巨大化した。そして、森の中で大繁栄した両生類から爬虫類と単弓類（かつて哺乳類型爬虫類と呼ばれていた哺乳類の祖先）が進化してペルム紀に繁栄し、次の中生代に入ると、それぞれ、恐竜と哺乳類を生み出した。

二・五億年前、三葉虫やフズリナなどの古生代型の動物が大絶滅してペルム紀が幕を閉じた。中生代トリアス紀が始まると、乾燥に強い種子で増える裸子植物（針葉樹・ソテツ類・ベネティテス類）が水辺を離れて内陸部に進出した。乾燥した内陸の気候は湿潤で穏やかなものへと移り変わり、動物は内陸部へと生息域を広げた。中生代は現在よりも年平均気温が六〜一四度も高くて、季節変化はなく、両極地方にまで針葉樹の森林が拡大した。しかし、まだ森で花らしい花を見つけることはできない。トリアス紀後期に出現した恐竜と哺乳類のうち、陸上世界を制覇したのは恐竜であり、哺乳類は夜行性の小動物として細々と生き延びていた。次のジュラ紀は恐竜がもっとも大型化した時代だが、その後期（一・五億年前）に小型の肉食恐竜から鳥の祖先が進化した。美しい鳥の羽は恐竜の皮膚を覆っていたウロコが変化したものである。次の白亜紀（一・四億年前）になると、花を咲かせて実をつける被子植物が出現し、後期（一億年前）から爆発的に繁栄して、森に彩りを添えた。と同時に、花の蜜を吸い花粉や若葉を食べる昆虫が大幅に増え、次いで木の実や虫をついばむ鳥も増えた。

(2) 新生代の世界

白亜紀末（六六〇〇万年前）、メキシコのユカタン半島に直径約一〇キロメートルの隕石が衝突した。

恐竜や翼竜など、多くの中生代型の動物が絶滅したが、その数百万年後には鳥と哺乳動物が繁栄し始めた。白亜紀末の大絶滅は、ペルム紀末の大絶滅と同様に、地球を単細胞生物の世界に引き戻したわけではない。むしろ、生命圏をさらに豊かにし、地球をより美しくする契機となったのである。

新生代は、恐竜の子孫である鳥および恐竜の陰に隠れていた哺乳類が大発展した時代である。暁新世後半（五五〇〇万年前）に気候が温暖化したとき、被子植物（広葉樹）が大型化して、針葉樹を凌駕した。そして、枝を大きく伸ばして樹冠を作った。樹冠は、若葉と花の蜜と果実という食料の宝庫でありながら、歩行性の哺乳類に襲われることのない空間であり、昆虫と鳥と霊長類が進出した。新しい住処を得た霊長類の祖先はネズミのような小動物であったが、恵まれた樹上環境で大型化し、手足の機能を高めた。また、若葉や木の実を効果的に見分けるために、色の分解能を高めるとともに、立体視の能力も獲得した。その結果、脳の機能（知能）も格段に向上した。

始新世末（三五〇〇万年前）に地球は急激に寒冷化した。平均気温が一二度も低下して、高緯度から中緯度にあった広葉樹林は消滅し、多くの霊長類が絶滅した。また、夏冬の気温差が大きくなり、中緯度地方では四季の移り変わりが明瞭になった。そのため、春から秋にかけては広葉樹が花を咲かせ、秋になると紅葉して落葉することで厳しい冬を乗り切るようになった。紅葉の始まりである。と同時に、いわゆる雑草（イネ科の草本植物）が出現し、森林が消滅したあとの裸地に進出した。草は春に芽を出し、初夏に花を咲かせ、秋には種をつけて枯れてしまうが、地面に落ちた種は冬の乾燥と寒さに耐えて、春になると一斉に芽吹くことで、効率的に生息地を拡大した。また、雑草の花と種を餌とする小動物が草原に進出した。

漸新世に少し温暖化したものの、中新世中期（一五〇〇万年前）から再び寒冷化が進んだ。イネ科を主体とした草原が拡大し、大型草食動物との共生が始まった。現在、草原は陸地のおよそ三〇パーセントを占めている。水辺から高山地帯まで、陸地が緑と花で覆われるようになったのは、地球史でいえば、ごく最近の出来事なのである。

第四紀（二五八万年前）に、氷期ー間氷期という気候変動の周期が確立すると、アルプス山脈やロッキー山脈あるいは西ヨーロッパやアメリカ中西部の大平原のような氷河地形が発達した。また、狭い気温範囲にしか住めない鳥は、気温変化を「渡り」で克服するようになった。

4　地球史から見た人間の位置づけ

⑴生命史上初の芸術家

中新世後期（七〇〇万年前）、東アフリカの草原にアウストラロピテクスが出現して以来、人類は東アフリカを舞台に進化し、多くの種が次々と出現しては淘汰された。およそ二〇万年前に出現した人間（ホモ・サピエンス）は人類唯一の生存種であり、大型動物の中では新参者である。

人間にもっとも近いチンパンジーの色の識別能力は、人間とほとんど変わらない。京都大学霊長類研究所の天才チンパンジーのアイちゃんは、色の名前を覚えて、これは赤とか、ピンクとか、ちゃんと識別できるそうである。絵の具をそろえてやると、好きな色を絵筆で塗るが、残念ながら絵筆を一方向に不器用に動かすだけで、しっかり曲げたり止めたりはできない。

さらに比較すれば、人間と極めて近いネアンデルタール人の遺跡はヨーロッパと中近東で千ヵ所以上見つかっていて、女の子を墓に埋葬したときに花束を添えたらしいことが、花粉分析から推測されている。また、骨折跡のある大腿骨の化石から、足を折った男性が老齢になるまで生きていたことも分かっている。狩りに行って骨折した仲間を、役立たずになったからと置き去りにしたりせず、ちゃんと群れに連れ帰って一緒に過ごしたのであろう。しかし、彼らは人間に近い心を持っていたにもかかわらず、芸術作品といえる絵画や彫刻などはほとんど残していない。

一方、人間は出現当初から高度な造形能力を備えていた。南アフリカのブロンブス洞窟から発見された、七万八〇〇〇年前の幾何学模様が線刻されたオーカー〔赤い水酸化鉄を主体とした粘土の固まり〕製の角柱や、二〇〇五年の日本国際博覧会（愛知万博）で特別展示された七万五〇〇〇年以上前の貝殻のビーズが証拠である。

人間なら世界中の誰もが、老若男女の区別なく、絵を描き土器を作ることができる。歌を歌い、楽器を演奏し、踊ることができる。さらに、立ち居振舞いから言葉遣いに到るまで、美意識を日常生活の隅々にまで張り巡らせている。「着飾ったソロモン王も野に咲くユリの美しさには敵わない」といわれるほど花は美しいが、花にせよクジャクの飾り羽根にせよ、あるいは海にすむ微小なプランクトンの形態にせよ、その造形美は本能に由来したもので、絵画や庭園の美しさとは別物である。人間は、美を造形し、意図的に生活空間全体を美化する生命史上初の生き物なのである。

(2) 地球と生き物の共進化から見た芸術の位置づけ

人間だけが持っている美を造形表現する能力は生物進化が生み出した必然だと考えられる。なぜならば、生き物は地球の全体的な営みによって生かされていて（後述）、その地球は自らの動きによって地表景観を美しくしていく中で、脊椎動物は美を認識する知能と美を造形する身体機能を向上させたからである。そう考えると、はじめに引用した小林の主張、すなわち「芸術家は、いわば宇宙の創造力に助けられて制作している。宇宙的力が芸術家を通して作品を作らせているとも言える。その意味では、芸術家の創作それ自身が、宇宙の形成作用の一環の中にある」は、無理なく受け入れることができるのではなかろうか。

二　自然とスピリチュアリティ

1　生命

宇宙全体を見れば、生命はいたるところに存在する、と多くの天文学者は考えている。しかし、地球から一〇万光年の範囲では、生命活動の証拠は発見されていない。太陽系のなかで第三惑星・地球にだけ生命がいる理由として、重力が大気と水を地表に引き止めていること、太陽からの距離が適当で、水が液体（水）・気体（水蒸気）・固体（氷）として存在できる範囲に地表温度が保たれていること、を挙げる人は多い。植物が光合成によって有機物を生産し、それを草食動物が食べ、その肉を肉食動物が食べ、それらの糞や遺骸を微生物が分解して養分を土に返す、という図式が頭に刷り込まれているからである。

いま地球を直径一・三メートルの地球儀に見立てると、エベレストの高さはわずか一ミリ弱である。太平洋の深海底は水深六〇〇〇メートルなので、わずか〇・六ミリしかない。したがって、植物の光合成を土台とした食物連鎖云々は、地表のごくごく僅かな膜のような部分の話であって、その下にある半径六五センチの地球自体を知らないと、なぜこの地球だけが生き物の星なのかが、十分に説明できない。なぜならば、植物は水と空気と太陽光さえあれば育つわけではないからである。

2　光合成神話

窒素・リン・カリウムは植物の三大栄養素といわれている。もし窒素が不足すると葉が黄色くなり、リンを欠くと全体が黒ずんで枯れてしまい、カリウムがないとやはり成長しない。さらに、光合成を担う葉緑素を作るにはマグネシウムが、また枝とか幹といった硬い部分を作るにはカルシウムが必須である。このように、植物の生育には一六種類の元素が必要であり、動く動物には、さらに一〇元素、合計二六種類の元素が必要である。幸い、植物は自分の成長に必要でない元素まで取り込んでいるので、動物は植物を介して必須元素を摂取できる。

そうした元素のうち、酸素と水素と炭素は、水と空気（二酸化炭素）に含まれている。窒素は大気の八〇パーセントを占めているが、植物は窒素をそのまま使うことはできない。根粒バクテリアによって固定されたり、あるいは雷の稲妻によって酸化窒素になったりして、はじめて根から吸収できるのである。

その他の元素はすべて土から供給される。したがって、土の必須元素が欠乏すると、特に動物が大きな打撃を受ける。

3　生命元素と土

現在、飽食の日本で味覚障害者が増えている。特に子どもに顕著で、塩の辛さと砂糖の甘さが区別しづらいそうである。原因の一つは亜鉛不足で、味覚細胞が十分に働かないからである。畑の土から亜鉛や鉄などのミネラル（必須元素）が失われているのである。たとえば、鉄分が多いとされるホウレン草の鉄含有量を、『日本標準食品分析表』の初版（一九四七年）と五訂版（二〇〇五年）で比べると、六分の一以下である。もう一つの原因は食生活の洋風化で、米（ご飯）の摂取量が減ったからである。三度の食事を和食に変えて一週間もすると、驚くほど味覚が改善する。米の亜鉛含有量は比較的高いことに加えて、伝統的なおかずの野菜や海草などからもミネラルが摂取できるからである。しかし、若者が好む野菜サラダに使われているカイワレやサラダ菜などは、ほとんどが水耕栽培である。窒素・リン・カリウムは水溶液に添加するので見かけはみずみずしく育つが、ミネラルは余り入っていない。野菜サラダを食べて野菜を摂っているつもりでも、ミネラル不足に陥ってしまうのである。

土の主成分は、岩石風化の産物、すなわち砕屑物（礫と砂と泥）とミネラルである。山で岩石が風化すると、崩れて砂礫になり、さらに風化して泥ができる。そして、その過程で多くのミネラルが水に溶け出す。名水といわれる水は、ミネラルが適量溶けているものが多い。土のなかの砂礫は植物の根を支えている。泥だけだと、根を支える力がないので、植物は大きく育つことができない。一方、砂礫だけだと、水がしみこんでしまって、栄養分が供給されない。砂礫に混じった泥が水分を保つので、水に溶け込んだミネラルが根っこから吸収されるのである。「農業の基本は土づくり」といわれるとおり、土があってこその生き物なのである。

土は基本的に山と川のそばにある。最近噴火が終息した雲仙普賢岳を見ると、火砕流や泥流が流れた山麓には田畑が広がっている。土が豊かだからである。今まで何百年かに一回小さな噴火があって、そのたびに火山灰が降ったり、土石流が流れてきたり、あるいは小さな地すべりがあったりして、土が供給されてきた。だからこそ、危険地帯であるにもかかわらず、多くの人が住んでいるのである。

崩積土は崖崩れの下の土で、山菜がよく育つ。新潟は日本有数の地すべり地だけあって、土地は豊かである。地すべりの度に水田に新しい土が供給されるからである。残積土は森林の土である。山形県は果樹王国だが、果樹農家に聞くと、平地の果樹園は作業が楽なものの、味は斜面の方が良いという。雪解けや大雨の時に土が流れ下ってくるのであろう。洪積土は、二万年以上前の時代に流れてい た川が運んできた土で、竹藪の下や河岸段丘の上に分布している。筍で名高い京都西山の竹藪も洪積土の賜物である。沖積土は現在の川が運んでくる土である。京都の鴨川水系のハザードマップ（浸水危険地域図）を見ると、浸水危険地域は賀茂ナスやスグキの産地とよく一致している。東山沿いでも桂川沿いでも、京野菜の産地は、洪水や土石流に襲われる土地である。後白河法王は、意のままにならないものの一つとして鴨川の氾濫を挙げたが、じつは、その氾濫こそが京都の生産力の源だったのである。

4　海の生産力

海は無限の食糧倉庫だと考えている人は多いが、誤解である。人工衛星から海のプランクトンの分布を観測すると、多いのは川や氷河が養分（土や有機物）を運び込む沿岸だけである。たとえば、南半球では一月が夏で、南極の氷床が解けるので、南氷洋にはプランクトンが繁殖する。パタゴニアの氷河が流れ込むアルゼンチン沖も同じである。一方、北半球は真冬で、セント・ローレンス川もユーコン川も凍っているので、プランクトンはいない。三月になると、南半球は秋になって氷河が解けにくくなり、北半球ではだんだん暖かくなって氷が解け始める。五月、南極とパタゴニアの氷河が凍りつくので、プランクトンは消えて鯨は北上する。一方、北半球では大河が一斉に流れ始めるので、沿岸ではプランクトンが湧き出てきて、北太平洋ではアラスカ沖のサケ漁が、北大西洋ではケープコッド（鱈岬）沖のタラ漁が盛んになる。

魚介類は陸から土砂が流れ込む沿岸域にしかいないという事実は、もし地球に海しかなかったら、生き物は今ほど豊かには増えなかったということを意味している。もちろん陸だけでは水が乏しくなるからだめで、陸と海が相互に関与しあうところがポイントである。

太平洋でもインド洋でも遠洋域に魚がいない主な原因は、鉄不足である。陸水中の鉄は水に溶けている。陸水が海に流入すると、溶存鉄は、海水に含まれている酸素と結びついて、不溶性のサビになって海底に沈殿する。だから外洋水にはほとんど鉄が含まれていない。実際、北太平洋の真ん中で、二五メートルプール一杯の水に耳かき一杯分の鉄を溶かして海に撒いたところ、数日後にプランクトンが湧いて出てきた、という水産庁の実験結果がある。

ところが、中央大西洋の遠洋域は、魚の産卵場になっていて、よい漁場である。その謎が解けたのは一九九〇年代初頭、人工衛星でサハラの砂嵐の経路が明らかになってからである。サハラ砂漠では砂嵐によって毎年二億トン以上もの砂が巻き上げられていて、その一部が中央大西洋を横切ってアマゾンに達しているのである。そして砂塵に含まれているミネラル分が、海域ではプランクトンを養い、陸域ではアマゾンの森林を養っている。一方、地表付近を流れる風は、雨を降らせるだけでなく、光合成で生じた廃棄物（酸素）を葉から除去すると同時に、原材料となる二酸化炭素を供給している。われわれは、大気と聞くと単なる酸素の供給源と考えがちだが、大気の動きは生命圏の維持に本質的な役割を果たしているのである。

5　土を生む地球の動き

地球表面が大気で覆われ、地殻表層部に大陸と海洋が存在することで、大気圏（天）―岩石圏（地）―水圏（水）の間で途切れのない循環が生じて生命圏が維持され、生き物が一貫して進化してきた。だからこそ、将来世代のために、われわれは地球環境を早急に修復・保全し、陸・海・空を清浄に保たなくてはならないのである。

陸地は常に浸食作用を受けているので、平均高度（八四〇メートル）を平均浸食率（四センチ／千年）で単純に割ると、陸地はほぼ二一〇〇万年で海抜ゼロメートルの平坦地になってしまう。（実際にはアイソスタシーが働くので、平坦化しても海抜ゼロメートルにはならない。厚さ一メートルの氷は水面から一〇センチ顔を出すが、氷が解けて一〇センチの厚さになっても、まだ水面に一センチ顔を出すのと同じである。）

そうなれば、いくら雨が降ろうと風が吹こうと、土の動きはほとんどなくなり、生き物の進化発展は著しく阻害されるはずである。しかし、現在のような大陸が形成されたのは二〇億年以上前であり、しかも約四億年前に陸上に植物が出現して以来、陸の生き物は一貫して進化し繁栄の道を歩んできた。この古生物学的事実は過去四億年にわたって一度も陸地から山が消えたことがなかったことを意味している。

常に山が新しく作り出されているからである。一つは火山噴火による山体の形成である。火山は比較的早く浸食されて、数百万年で平らになるので、その分たくさん土を生み出す力を持っている、といえよう。もう一つは、億年単位の周期を持った巨大山脈の形成である。エベレスト山頂付近に見える黄色い縞模様は昔海底でたまった地層である。ここから産出する二億年前のアンモナイト化石は、昔の海底が一万メートル以上も隆起したことを物語っている。

こうした造陸運動の営力は固体地球の表層部におけるプレート運動とプレートを駆動するマントルの対流（マントルプリューム）にあり、原動力は地球の内部エネルギーである。つまり地球形成時の隕石衝突で発生した熱、重い鉄とニッケルが地球の中心部に沈んでいって核を形成した時に解放された重力エネルギーによる発熱、および岩石に含まれた放射性元素（ウラン、トリウム、カリウム）による発熱である。地表の平均気温は一五度で、深海底の海水の平均温度は三度だが、一枚皮をめくると、そこには灼熱のマントルがある。地球の中心に高温の核があって、周りを厚さ二九〇〇キロメートルのマントルが取り囲んでいる。最表層が地殻で、厚さは大陸部分で三五キロメートル、海洋ではわずか七キロメートルでしかない。そして、空気や水が部分的に加熱されると対流が発生するように、核に接したマントルが、高温で熱せられて軽くなって上昇し、地表付近で冷やされて重くなって沈む、という大規模な対流が生じている。その対流表面に乗ったプレートが、年間一〇センチほどの速度で水平移動している。それはちょうど、指の爪が伸びる速度に匹敵している。

6　火星移住は可能か

最近、火星を温暖化させて人間が住める星にしようという「テラフォーミング」構想が語られている。確かに、かつて火星に水が大量にあった証拠として、川が流れた痕跡があるし、浜辺でできた丸い石も見つかっている。また、表面の岩石の鉱物組成は地球の岩石とよく似ている。したがって、何らかの方法で火星を温めると、地下に氷として溜まっている大量の水が解け出て低地に溜まり、海ができる。すると、雨が降り風が吹いて、地球と同じような土ができるので、地球の生き物を送り込んでも育つ可能性はある。

ところが、五〇〇〇万年か一億年も経てば、陸地は浸食されて真っ平らな湿地となり、遠浅の海に取り囲まれるはずである。なぜならば、火星はすでに冷えかたまっていて、もはや大陸が移動したり、火山が噴火したりすることはないからである。そうなれば、土を運ぶ水の動きが止まり、生き物は絶滅しないまでも、進化発展できなくなる。たとえ火星を生き物が住める星に改造できたとしても、その寿命は一億年足らずである。すでに内部エネルギーを失ってしまった火星、つまりダイナミックな動きのない「死んだ星」にはもはや生命圏を維持する力はないと結論できる。

逆にいえば、地球のように内部に熱エネルギーをもち、ダイナミックに動く「生きた星」でなければ、生命圏を維持することはできない。いくら大気と水があって太陽エネルギーが適切に利用できたとしても、天―地―水の循環を作り出すことはできないからである。地球は、固体部分（岩石圏）がダイナミックに躍動しているからこそ、すなわち地球そのものが生きているからこそ、生き物の星になれるのである。

7　地球のスピリチュアリティ

「二一　自然とスピリチュアリティ」では、地球で生き物が生きているのは、単に生体内部でＤＮＡにプログラムされた生化学反応が生じているからだけではないし、食物連鎖があるからだけではない、太陽熱と地熱（地球内部エネルギー）を駆動力とする天―地―水の絶え間ない循環が、生命に必須な元素（ミネラル）を供給するからであり、究極的には地球が生きているからであることを明らかにした。

そして、生きている地球が、四六億年かけて自ら壮大な景観を作り出すとともに、生き物を進化させて景観に彩りを加えて美しくしてきた歴史、および地球の進化の一過程で生み出された人間が、食物連鎖によってあらゆる生き物とつながっている事実、そして土を媒介として地球とつながっている事実から考えれば、人間が、大いなるものに生かされている、と自然に畏敬の念を感じたり、自然と離れては生きていけないと考えたりすることは、至極当然だといえよう。

だからこそ、「一　自然と芸術」で、人間なら誰しもがもつ、自然の荘厳さと生き物の営みの神秘性、すなわち地球のスピリチュアリティに感応して美を造形表現できるという能力は、進化が生み出した一つの必然であり、人間の芸術的創作それ自身が、宇宙の形成作用の一環のなかにある、と結論したのである。

しかし、西欧近代の価値観は、人間と自然を峻別し、自然と人間の一体性や生き物との関係性などを否定してきた。また、宇宙も地球も、自然法則に従って無目的に動く自動機械にすぎないとして、生命体的自然像を排斥してきた。その結果、人間は生命史上初の芸術家であり、その地球史的使命は芸術活動を通じて自然に彩りを加えて、さらに美しい環境を創造することであることが忘れ去られている。自らの存在意義と使命を見失った現代人が、肉体的にも精神的にも、また社会的にも健全に生きることが難しくなって、スピリチュアルなものを希求するようになることは必然であろう。

地球のスピリチュアリティを論じる者にとっての使命は、現代の価値観に代わる、新たな生命観・人間観を生み出していくことである。

参考文献

鎌田東二編『スピリチュアルケア』〈講座スピリチュアル学　第1巻〉ビイング・ネット・プレス、二〇一四年、二八五頁。

北原貞輔・松行康夫編『環境経営論Ⅱ――自然環境と人間の存在』税務経理協会、一九九九年、三五八頁。

小林道憲『芸術学事始め――宇宙を招くもの』中公叢書、二〇一五年、二二三頁。

日本地質学会監修『地学は何ができるか――宇宙と地球のミラクル物語』愛智出版、二〇〇九年、三五五頁。

第一部　地域のかたちと思想

森里海連環学と自然の霊性観

田中 克

はじめに

毎年、今年こそは少しはゆとりを持って静かに桜を楽しもうと思いながら、退職してから一〇年近くを経過しても、年度末の縛りに振り回される世界を引きずり続けている。そればかりか、頭は以前の効率で計算し続けようとするのに、体はその通りに動くことを拒否し始め、私の年度末越えは毎年遅れ、温暖化の中で桜の開花が早まることとのずれは大きくなるばかりである。しかし、日本列島はよくできたもので、ちょっと北上すれば桜前線に追いつくことができる。それほど遠くへ行かなくても、少し標高の高い場所を探せば、結構長く桜を楽しめる。

桜への日本人の思いはひとしおである。それは厳しい冬の終わりからの解放を告げる風物誌であり、その華やかで圧倒的な存在感に、ひかえめな日本人には余計に心を惹かれるのであろう。日頃は目立たない存在であっても、一年に一度ぐらいは注目を浴びてみたいとの潜在的な願望が重なるのであろうか。ともあれ、それは生きる喜び、命の尊さとはかなさ故の思い入れであるに違いない。筆者にとっては、二〇〇六年春の桜には、ことのほか深い思い出がある。定年退職を一年後に控えた年度末の最も忙しい時期に、その半年ほど前から積み重なったストレスや過労などからうつ状態が極度に進行し、家内に強制的に連れて行かれた病院で、知り合いの医師の診察を受けている最中に倒れたのである。[1] 即休業を言い渡され、それから二カ月間、自宅での休養を余儀なくされた。その時の家内のひと言「あなたがいなくても〝世の中〟は何事もなかったように動きます」が効いたようである。しかし、自己診断よりは病状（うつ状態）は重く、自ら生死を決める淵を行き来する経験でもあった。

筆者にとって非常に幸運であったのは、冬の峠を越えて、いのちが身の回りに輝き始めた三月初旬にうつとまとともに向き合うことになったことである。桜のつぼみが日に日に膨らみ、開花へと至る過程を見ながら治療に専念できるという幸運に恵まれた。少し回復の兆しが見え始めたころから欠かさず続けた、黄檗山万福寺周辺の朝の散歩で発見する、道端の名前も知らない草花の開花やメジロなどの春を告げる生きものの躍動は、かけがえのないものであった。その当時は、こうしたうつ状態が本講座の主題であるスピリチュアリティに深くかかわるものとは知る由もなかった。桜への思いが、このころの〝あわれ〟と自然の〝あわれ〟が織りなすスピリチュアルな世界であるとするなら、今は少し理解が深まったということであろうか。

一　桜前線を辿る黒姫への鉄道沿線に見る森里海連環

二〇〇六年四月上旬、京都での桜の見ごろが峠を越えたころ、京都を離れて、長野県北東部、新潟県との県境近くにある黒姫山麓の山小屋に転地療養することにした。それは、二〇〇三年に立ち上げていた森里海連環学を発想[2]する原点の一つともなった、森の心地よさが症状の回復にきっと効果があるに違いないと考えたからである。車を持たない筆者は、JR奈良線黄檗駅から京都に出て、新幹線で名古屋に、中央西線・篠ノ井線の特急で長野に、さらに信越線に乗り継いで黒姫駅に着く。俳人小林一茶が誕生した信濃町の中心地である黒姫駅前からバスを利用して、象（ナウマン象）がいた湖として有名な野尻湖まで行き、そこから畑の中の道を北信五山の飯綱山、黒姫山、妙高山の秀麗な姿を眺めながら歩いて野尻高原の森の中にある家まで、ちょうど六時間の長旅である。

今、「森里海連環学と自然の霊性観」という難題を抱え、まとまらない〝ストレス〟を道連れに、その道を辿っている。ちょうど、京都では桜の季節が終わったばかりである。車窓から見る景色の中に現れる、さまざまな森里海連環の側面を取り上げ、自然の霊性観につながる世界を探ってみる。

琵琶湖は森里湖連環の世界

京都を出るとすぐに生まれ故郷、滋賀県大津市の琵琶湖南端から流れ出る瀬田川を渡る。その辺りは小学校五、六年の担任の先生によく魚釣りに連れてきてもらった場所である。当時は、琵琶湖が森里海連環の存在そのものであることなど思いもよらなかったが、今にして思えば、魚の研究へ進む原点となった琵琶湖固有種であるホンモロコは、まさに森と湖のつながりの中で生活史を営む魚であったのである。しかし、〝里〟の人々の暮らしや産業のありようが自然と寄り添う範囲から著しく踏み外し、今では大きく深い北湖の越冬場と産卵場や稚魚成育場がある浅く小さな南湖の間を大きく回遊する生活史が途絶えてしまった。琵琶湖四〇〇万年の歴史の中で誕生し、培われてきた生きものたちの暮らしが、人間の目先の都合と短絡的価値判断により、水際の直線化と人工護岸化等によって壊されてしまった。環境先進県の滋賀県では、二〇世紀後半の五〇年間に壊した琵琶湖の生態系を、二一世紀前半の五〇年をかけて元に戻そうと、「マザーレイク21計画」が取り組まれている。第二期の二〇一一年からは、「森里湖」のつながりが一つの重要な柱として、計画の中に組み込まれている。

東海道新幹線が次々と横切る、琵琶湖に流れ込む川には、昔に比べて水があまり流れていない状況が気になる。琵琶湖の水質は、様々な対策が功を奏して窒素やリンなどの環境指標で見る限り、三〇、四〇年前のレベルに改善されている。しかし、かつて六〇〇〇ｔも漁獲されていた琵琶湖固有種のセタシジミは二〇〇ｔ前後に激減したままであるように、生きものたちの回復は見られず、多くの固有種の生存は依然として厳しい状態に置かれている。琵琶湖の再生には、森と湖との間の水循環の再生と、人間活動の累積的な影響が蓄積した琵琶湖の湖底（とりわけ湖岸周辺の）の底質の改善を図り、セタシジミをはじめとする底生動物を復活させ、生物的水質浄化機能を回復させることが不可欠であろう。人間が考え生み出す技術による水質浄化と生きものたちが営々と営んできた水質浄化には、本質的な違いがあることに気付くべきである。

写真1　福岡県志賀島神社で春と秋に開催される神事「山誉祭り」（楫善継氏撮影）

滋賀と志賀

最近、滋賀県の県名をより認知度の高い琵琶湖県にする話題が取りざたされている。車窓に時折姿を現わす琵琶湖を見ながら、滋賀県には志賀という地名があり、それは九州玄界灘の古い神社、志賀海神社に由来するとの話を思い出した。二〇一二年五月に福岡市において第三回有明海再生シンポジュウムを開催するに当たり、広報のために志賀島神社を訪れた際に、全国各地の志賀の地名の由来を伺った。そのシンポジュウムで基調講演をお願いしていた畠山重篤さんから、是非行ってみて下さいと紹介されていた。

この神社や祭りの歴史は極めて古く、一説によると一八〇〇年にも及ぶと言われているが、記録の残る一三〇〇年前には存在したことは確かと思われる。ここでの春と秋に年二回開催される神事が非常に興味深い。山の猟民と海の漁民が、豊漁や豊作（豊猟）を祈って山を誉めるのである（写真1）。

その名も「山誉種蒔漁猟祭《やまほめたねまきかりすなどまつり》」であり、「ああ良い山、繁った山」と山を誉めるのである。自然と共に生きてきた日本人の山への思いを、誉めることにより、感謝の気持ちとして表す自然観が宿っている。直前のこの祭りを見学された楫善継さん（和歌山県立自然博物館研究員）の紹介である。人と人のつながりや人と自然のつながりがますます希薄になり、誉めるつながりより、互いに責任をなすりつける負のつながりが横行する昨今、思い起こすべき歴史の重みを感じる。森里湖連環の滋賀県は、このようなメッセージ性の高い「志賀県」にすればどうであろう。

木曽三川を渡る

北陸への分岐点にあたる米原を過ぎると、滋賀県下で最も高い独立峰、伊吹山のふもとを通過する。冬季には冬型の気圧配置が強まって雪が積もると、しばしば徐行運転を余儀なくされる東海道新幹線の難所、関ヶ原を通り抜ける。このあたりは気温も低く、京都では満開を過ぎた桜がまだ持ちこたえている。すぐに濃尾平野に入ると、木曽三川と呼ばれる揖斐川、長良川、木曽川を次々とわたる。中でも長良川はわが国におけるダムや堰の功罪を世に問う〝長良川河口堰問題〟で注目を浴びた川である。当時の反対運動は、川と海を行き来するサツキマスへの影響が争点にされる形で進められた。それは、魚道の設置など技術的な問題へと関心を向け、建設を推進する側に問題の本質をそらしてしまう形で利用されたのではないかとの思いに至る。

伊勢湾は東京湾や大阪湾と共に、わが国を代表する閉鎖性の高い内湾である。そこには多くの川が流れ込み、極めて高い生物生産性を生み、沿岸漁業の重要な場となってきた。その大きな背景は、湾奥に流れ込む河川を通じた後背地の森の恵みによるとの視点から、問題提起されることはなかった。それは、東北で森は海の恋人運動[3]が誕生する前の運動であった。伊勢湾を代表するハマグリ、アサリ、イセエビ、さらにはイカナゴなど多くの魚介類の生産を支えるのは、長良川等を介した森里海連環であるとの本質的見方があれば、事態は別の形に向かった可能性も考えられる。森は海の恋人や森里海連環の考えでは、長良川水系全域に広がる森が、昔からの先人の知恵とも言える〝魚附き林〟そのものであり、伊勢湾全体の生物生産に不可分にかかわるという、つながりの価値観があったならとの思いに至る。

木曽川の渓谷沿いを北上する

名古屋駅で新幹線から在来の中央西線の特急に乗り継ぐ。名古屋のベッドタウン的な多治見を過ぎ、中津川に近づくと田園風景が広がり始め、春を告げるスイセンの群落があちこちに広がる。家々の庭垣にはレンギョウ・ユキヤナギ、モクレン・タムシバ、ウメ・モモなど、色とりどりの花が競い合うかのように咲き乱れている。もちろん、桜もまだまだ主役を渡さないとばかりに最後の頑張りを見せてくれている。晴天の見通しの良い日には、左手遠方に雪に覆われた乗鞍山が見える。

列車の右手を流れていた木曽川を渡り、木曽路に入る。木曽川左岸の中央アルプスにつながる急峻な崖沿いに並ぶ、中山道の宿場町の面影を残す駅々を通過する。車窓から見る木曽渓谷沿いのあちこちに散在する桜も、京都の花で埋め尽くされる光景とは異なり、周りの木々の新芽と調和するひっそりとした趣がある。南木曽を過ぎて、野尻や上松駅を通ると駅舎の近くに近隣の山から切り出されたヒノキが積み上げられている。わが国を代表する木材産地、木曽ヒノキの産地である。

二〇一三年は伊勢神宮の式年遷宮に当たり、連綿と続く神事に則って伊勢神宮の建て替えが厳かに行われた。神々が宿る伊勢神宮の歴史、自然、人の営みを撮り続けてきた写真家宮沢正明氏[4]は、式年遷宮の様子を映像化して、その今日的意義を世に問うドキュメンタリー映画の製作に臨んだ。式年遷宮に備えて伊勢神宮の後背の森のたたずまいや数百年後の遷宮に備えたヒノキの育成など森の時間とそのかけがえのない存在に焦点を合わせた映画のタイトルは「うみ　やま　あひだ」である。森の霊性観にも関わる前半の内容から、森と海のつながりやその再生に関わる後半の森は海の恋人への話の展開に、筆者も一役買うこととなった映画である。

伊勢神宮の式年遷宮には厳選したヒノキの大樹が必要となる。伊勢神宮が管理する森だけでは賄い切れず、木曽のヒノキが用いられた。これまで皇居新宮殿、太宰府天満宮、明治神宮、金閣寺、善光寺大本願、成田山新勝寺など多くの寺院などに納材実績のある長野県木曽郡上松町の池田木材株式会社（社長池田聡寿氏）に白羽の矢が立った。今、その木材会社の近くを通り抜けている。現在では木曽川には多くの水力発電のためのダムが設置され、かつてのように筏を組んで搬出した木材を運ぶことはできないが、大正時代以前には木曽川を通じて伊勢神宮の式年遷宮に用いるヒノキが伊勢湾まで運ばれた様子が想像される。それは、かつてはどこでも見られた、最もわかりやすい森と海のつながりの象徴的風景でもある。

後立山連峰と梓川

上松から浦島伝説のある景勝地、寝覚の床を過ぎ、一瞬ではあるが御嶽山の雄姿が望める対岸の谷筋を過ぎると、木曽路の中心地でもあり、御嶽山登山の入り口でもある木曽福島に着く。ここは長野県下でも軽井沢と共に気温の低い土地で、桜はまだ蕾のままである。木曽福島を出て木曽川の幅が次第に狭まると、やがて分水嶺を越え、線路沿いの川は列車と同じ方向に変わり、畑地が開けると二つの中央線が出会う塩尻駅に着く。この辺りでは再び満開の桜が出迎えてくれる。塩尻駅からすぐに、長野市と共に経済や文化の中心地である松本に着く。行く手左手前方には、後立山連峰の常念岳、五竜岳、鹿島槍ヶ岳等、三〇〇〇m級の山々が連なり、学生時代に縦走した記憶がよみがえる。

この北アルプスの中心的な観光地である上高地から安曇野を流れ下ってきた梓川は、犀川と名前を変え、次第に川幅を広げ、篠ノ井線沿いを蛇行しながら流れる。犀川は長野市内の手前で千曲川に合流し、さらに日本で一番長い信濃川へとつながり、日本海に流れ込む。筆者は、稚魚研究の最も主要な研究対象であったヒラメの稚魚を求めて、新潟県沿岸域でも幾度となく採集を試みた。新潟県下の浜にはヒラメ稚魚の最も重要な餌となるアミ類が非常に豊富であり、当時はその原因がわからないままであったが、今にして思えば、それは北アルプスにつながっていたのである。

姨捨山から善光寺平を眺める

列車はやがて長いトンネルを抜けると、一気に視界が開け、右手下に善光寺平が広がる。この辺りには鉄道マニアに人気の高い姨捨駅があり、子を想う母の深い愛を伝える姨捨山の民話で有名な場所である。ここからの眺めは、北海道根室本線の狩勝峠、九州肥薩線の矢岳駅と共に、日本三大車窓の一つとして有名で、今は、桜の花が開き始めた時期である。もう少しすると善光寺平は一面ピンク色

写真２　インドネシア・バリ島の、悠久の時を刻む棚田

に染まる。名産の桃と杏の花である。筆者には、標高差二〇〇ｍほどの斜面に築かれた棚田が興味を引く場所でもある。長楽寺の四八枚の棚田に映る月の美しさは格別とされている。

棚田は、稲作発祥の地である中国雲南省を始め、日本を含むアジアの山岳丘陵地に発達してきた人々の暮らしの知恵であり、並々ならぬ努力の結晶でもある（写真２）。それは、森で涵養された水を上部の人は下部の人を想いながら使い、一方下部で稲作を営む人は上部の人への感謝を忘れない共存の象徴でもある。そして、棚田を潤した水は最後には海に流れ、海の生きものを育むことになる。かつては、海で育まれた海藻類や海草類は刈り取られ、農業用の肥料にも用いられ、農業と漁業の共存のつながりが見られた。棚田は、そのようなつながりの価値観に深くかかわる存在として、便利になり過ぎた私たちが忘れた大事なものを思い出させてくれる上でも、近年注目されるのであろう。

アファンの森と信濃川

篠ノ井線の終点である長野駅で信越線に乗り換える（二〇一五年三月一四日の北陸新幹線の開業で、信越線は廃止となり第三セクターしなの鉄道に変わった）。信越線は長野駅から、ようやくわずかに新芽が出始めたリンゴ園を通り、豊野で飯山・野沢温泉方面と分岐した後、北上する。線路沿いに流れるのは信濃川の支流、鳥居川である。この上流にある作家C・W・ニコルさんが造り上げたアファンの森から流れてくる。かつて、信濃川にダムや堰がなかった頃には、日本海からサケ（シロサケ）が産卵のために遡上してきたという。

アファンの森で熊と共存するニコルさんは、ツキノワグマを圧倒する巨体で、海と森をつなぐ熊の役割を熱く語る。越冬に備えて大量のエネルギーを蓄える必要に迫られる熊にとって、夏の終わり頃から川を遡上するサケは格好の餌となる。サケを捕まえた熊は川岸に持ち上げてその内臓やイクラ（卵巣）など栄養価の高い部分を食べると、大部分の魚体をそのまま放置して、再び次の獲物を捕獲するために川に戻る。こうして、大きな熊は越冬前に六〇〇から七〇〇尾ものサケを捕食する。食べ残された残骸は〝ホッチャレ〟と呼ばれ、オオカミ・キツネ等の動物や猛禽類等の餌にもなるが、大部分は昆虫や微生物によって分解され、窒素やリン等の栄養塩類が土壌を豊かにする。この海起源の栄養分が川岸の木々（河畔林）を育むことが、カナダの研究者によって実証されている。まさに、「海も森の恋人」なのである。

しかし、今ではこのような熊の仲介による海が森を育むつながりは、ダムや堰の設置で失われている。仮にダムがなくても、日本ではほとんど全てのサケは川口で捕獲され、卵と精子を絞って人工受精を行い、稚魚まで育てて放流する人工ふ化放流事業によって、サケが担っていた海から森への物質の運搬はなくなっている。わずかにそのつながりが残されているのが、世界自然遺産の知床半島である。クマが人里に出没する背景にはこのような人間による森と海のつながりの分断も関わっているのかもしれない。

象がいた湖、野尻湖

平野部を流れる鳥居川を横切ると、間もなく黒姫駅である。駅のプラットフォームや駅前には〝やれ打つな　蝿が手をすり　足をすり〟や〝蟻のみち　雲の峰より　つづきけん〟など江戸時代を代表する俳人、小林一茶の句碑が見られる。さらに時代をさかのぼり最終氷期の三万年以上前に至ると、この近くの野尻湖周辺には沢山のナウマンゾウが生息していた。筆者が大学生であった時代よりかなり前から、地学団体研究会によって発掘調査が毎年春に行われ、ナウマンゾウや共に生息したオオツノシカ、それらを捕獲して暮らした野尻湖原人等の遺跡発掘が行われている。『象がいた湖』[5]（井尻正二編）の舞台である。この発掘調査は、信濃町立野尻湖ナウマン象博物館を中心に、今も絶えることなく続けられている。

野尻湖は、緯度的には、〝御柱〟で有名な諏訪湖より高く、真冬の気温はしばしば氷点下一〇度以下になる寒冷地であるにも拘わらず、不凍湖として知られている。冬の風物詩であるワカサギ釣りも、ここでは氷に穴を掘る必要はなく、火鉢の入った屋形船からの釣りとなる。それは、目立った川が流れ込むことのない野尻湖の水が、湖底から湧き出る地下水によってもたらされるからである。野尻高原で夏を過ごすたびに、クーラーのいらない涼しさと水のおいしさに感激する。野尻湖から国道一八号線を一時間も走れば、日本海である。野尻湖の水は関川に流れ込み、新潟県下の海に注ぎ込んでいる。最近の研究では、森と海のつながりは、川による目に見えるルートと共に地下水を通した目に見えないルートが注目されている。[6] 水量としては川のルートが優るが、水の中に含まれる栄養塩類や微量元素の濃度は、長く土壌中で涵養された地下水のほうがはるかに高いからである。日本海のヒラメは、火山台地の中で長く涵養された水にも支えられていることになる。

日本海側から南下してきたナウマンゾウは、冬でも凍らない野尻湖に生息の場を定めたのであろう。黒姫山、妙高連峰、斑尾山等に囲まれた野尻湖周辺は、まさに森里海連環の世界であり、ナウマンゾウもオオツノシカも、そして野尻湖原人もその恵みの中で生きていたと思われる。あらためて、水の恵みは命の源であり、それを維持する森と海の、時間と空間を超えたつながりの今日的意義を考えさせられる。そのことにあまりにも無関心な私たちの暮らしの先に不安を感じる。

森の中の心地よさ

野尻湖と黒姫山の間の丘陵地（野尻高原）の森の中に、昭和三〇年代に開設された「野尻高原大学村」がある。ここは、五〇歳代の半ばからストレスがたまると週末を過ごし、元気を取り戻したかけがえのない場所である。週末一日しか時間が取れない際にも、冬のスキーシーズンには日帰りで通ったものである。海の生きものの研究者が森への関心を深める大きな背景ともなった。もちろん、森の中で過ごす時間は、都会の日常における複雑な人間関係から一時的ではあるが解放される時間でもあった。それには、木が生み出す癒し効果を持つフィトンチッド等の化学物質が関わるとの知見も得られていたが、それだけとは考えられなかった。

それには全く予想もしなかった根拠があることを知った。音である。耳からは聞くことのできない、周波数二〇kHz以上の高周波の環境音であり、ハイパーソニック・サウンドと呼ばれる。この高周波環境音が最も典型的に観測されているのが、熱帯雨林である。熱帯雨林の二〇〇kHzほどの高周波ではないが、里山の森、鎮守の森、こんもりとした屋敷林でも測定されている。熱帯雨林で最も典型的に観測される事実は、おそらく生物多様性に富んだ自然的環境中に存在する可能性を示唆している。

耳からは聞こえないこの高周波環境音を、私たちは体表から、とりわけ脳幹で感知し、さまざま生理的機能を亢進する。確実にストレス状態を低減し、免疫機能を高めるのである。さらに、驚くべきことに美しいものをより美しく感動的に感じる心の豊かさをも高めるのである。このハイパーソニック・エフェクトを最新の脳科学的手法を駆使して解明されたのが、卓越した分子生物学者である大橋力先生（国際科学振興財団理事長）である。[7] そして、この画期的な発見につながった背景として、大橋先生が芸能山城組を率いる著名な音楽家（山城祥二）として、インドネシア、バリ島の民族芸能、ガムランやケチャの研究とその発展に傾注されてきたからである。

現代人ホモ・サピエンスが誕生したのは高々二〇万年前と推定されている。そのうち一九万年は熱帯雨林の中で狩猟生活をしていたのである。氷期においても気温が極端には低下しない環境で、また水循環に恵まれた雨林域において育まれる植物と、それに支えられた多くの草食動物を人々は捕獲して暮らしを成り立たせていた。水辺の魚介類も重要な食料源であったに違いない。そして、多様な生きものが生息する環境が生み出す高周波環境音が〝天然医院〟であり、〝万能薬〟としての役割を果たしていたであろう。そうした仕組みは今を生きる私たちの遺伝子の中に組み込まれ、森で癒されることを実感できるに違いないと感じている。

黒姫山麓、標高七〇〇m前後の野尻高原の森の中にはまだ雪が六〇cm以上残っている。それでも日当たりがよく雪が解けて現れた地面には、春を一番早く告げる福寿草が残雪を掻き分けるように黄色の花を開き始めている。続いてフキノトウが現れ、野菜不足の食事に彩りを備えてくれる。水芭蕉の白い花（実際には花ではないが）ももうすぐ出てくる。野尻高原のソメイヨシノが開くのはまだまだ先であるが、もうすぐコブシがまっ白な花を一斉に開花させ、薄紅色の山桜がそれを追うように開くころ、森の中の雪もすっかり無くなり、新緑が薫る季節を迎える。山荘の周りの雪が解けて、家の土台は水浸し状態となり、困ったことだと思いながら、雪は雨とは異なり、ゆっくり地面にしみ込んで地下水を形成するとても大切な資源だとの思いを深める。

二　有明海に生息する不思議な魚に森里海連環を見る

有明海は、東京湾や伊勢湾とほぼ同規模の閉鎖性の高い内湾である。ここは、かつて〝宝の海〟と呼ばれるほど、限りなく生物生産性の高い海であった。この海には、日本ではここでしか見られない多くの特産生物が生息する[8]生物多様性に富んだ宝の海でもあった。二〇世紀後半から、筑後川河川敷から大量の砂利を取り上げ、筑後大堰の設置による大量の取水、わが国最大規模の諫早湾の泥干潟の埋め立てと全長七㎞の潮受け堤防の設置等、大規模な環境改変が重ねられ、今では漁船漁業者の漁獲対象は中国への輸出販路が広がったビゼンクラゲのみという〝瀕死の海〟に至っている。これらの大規模な環境改変のみならず、有明海全域から自然海岸がなくなり、森と海の連環が大きく損なわれたことが、有明海瀕死化の本質である。

有明海は、雲仙岳、多良山系、背振山系、九重山系、阿蘇山系等に囲まれ、湾奥には林業で有名な日田の森を通って九州随一の筑後川が流入する。まさに、森里海連環の世界そのものである。わが国最大の干満差により、広大な干潟が発達する特異な海である。わが国ではこの海にしか生息しない多くの特産種も、森里海連環のなかで維持されてきたと推定されるが、その仕組みの荒廃が氷河期の遺産としての特産種の存続にも深くかかわり、ニホンウナギやアサリの絶滅化への背景ともなっている。ここでは、有明海の特産魚であるエツ、ヤマノカミ、スズキ等に見る森里海連環と自然の霊性観との関わりを見る。

エツ誕生秘話と空海

有明海にも海と川を行き来する、ニホンウナギ、アユ、モクズガニ、テナガエビ等多くの生きものが生息する。中でもエツと呼ばれるカタクチイワシの仲間の魚はとりわけ興味深い。成魚は、通常有明海の中に棲んでいるが、梅雨時に海から川に産卵のために遡上してくる。以前は熊本県緑川等、筑後川以外にも遡上して産卵していたが、今では海からの産卵遡上が見られるのは筑後川に限られてい

写真３　筑後川に産卵のために遡上し、流し刺し網で捕獲されたエツ

る。いずれにしても有明海で最も大きな筑後川がエツ資源を維持していることには違いない。筑後川の川漁師にとっては、最も重要な資源生物である。筑後川の産卵期になると、流し刺し網を用いて川口から一〇から一五㎞上流のほぼ淡水域において漁獲される（写真３）。その様子を屋形船で見学し、獲れ立てのエツを船上で刺身などにしていただく観光資源にもなっている。

卵径一㎜少しの卵から生まれた体長三㎜前後の仔魚は、数日すると自分で餌を食べ始める。この時期の餌は、カイアシ類と呼ばれる動物プランクトンの幼生である。エツが食べる主なカイアシ類は低塩分汽水域に適応したシノカラヌス・シネンシスであり、本種の食べものは通常のカイアシ類とは異なり、低塩分汽水域において生み出される有機懸濁物（デトリタスとも呼ばれる）である。この有機懸濁物は、筑後川上流域の阿蘇・九重山系から不断に供給される微細な鉱物粒子をもとに、エツの産卵場付近で生み出される。有明海は汽水と濁りの海として特徴づけられるが、その両方は筑後川によってもたらされる。この大河が有明海の命の源であり、著しく濁った水の実態としての有機懸濁物を生産する筑後川河口域は、有明海の心臓部と位置づけられる。一方、干潟は有明海の腎臓・肝臓であり、有明海の瀕死化の原因は、これらの臓器機能の著しい劣化にもあると言える。[9]

このような阿蘇山や九重山とも深くつながるエツの存在は、その誕生にかかわるいくつもの伝説によって、一層神秘的なものになっている。今年は、弘法大師（空海）が高野山を開創して一二〇〇年に当たり、それを記念した行事が執り行われている。空海は八〇八年に唐で二年間の密教の修行を終えて帰国し、しばらくは九州北部の筑後地方に滞在した足跡が残されている。ある時、空海は筑後川を渡ろうとしたが、無一文で渡しに乗ることができず、途方に暮れていると、一人の若い漁師が、この小さな船でよければどうぞと、空海を対岸に渡してあげた。空海は、この若く貧しそうな漁師にお礼をと考え、岸辺の葦の葉を数枚そぎ取り、水辺に浮かべた。すると葦の葉はたちまち細長い魚に姿を変えた。それがエツであるとされている。エツはその後、筑後川の川漁師とその家族の生計を支える地域の大事な財産として守り続けられている。この物語は、児童たちの寸劇として、大切に受け継がれている。

ヤマノカミは〝山の神〟

ヤマノカミの名前は、一説によると、山の中を流れる川の上流に生息するカジカ類に属するこの魚の厳つい顔立ちに由来し、神の権化として敬った山の民がこの名前をつけたとされている。真偽のほどはさておき、本種は、本来は川の上流の清流に生息する魚であるが、近年どの川にも堰やダムが設置され、上流まで遡上することは極めて難しく、山の神としての存在さえ途絶えようとしている。本種の産卵期は冬である。冬季の川の水温は、九州と言えどかなり低く、たとえ産卵しても生まれてきた子供たちは食べる餌に恵まれず、子孫を残せないことになる。本種の生き残り戦略は、冬の間でも水温もそれほど下がらず、餌も存在する海に下って産卵することである。

一二月に川の上流から下ってきたヤマノカミは、河口域においてカキ殻などの裏面に二㎜大の卵を数千個産みつけ、雌は一年という短い一生を終えるが、雄にはまだ仕事が残っている。大きな胸鰭で新鮮な水を卵に送り続けるのである。全ての仔魚が孵化すると、雄親もその場で死亡する。最後に「海の神様、どうぞ子供たちをお守りください」と念じながら、命を全うする光景が目に浮かぶ。一月～二月に孵化した仔魚は、産卵場周辺の河口域（汽水域）において、カイアシ類を餌にして成長し、三月～四月に体長二〇㎜前後の稚魚（一人前の形）になると、次第に生息空間を水中から水底に移し、上流へと移動する。

本種も今受難の時代を迎えている。それは、これまで産卵基質としていたカキ殻が減少したことである。かつての有明海には魚類・貝類・甲殻類など多様な生物が豊富に繁殖し、漁船漁業を支えてきたが、彼らの生息環境の悪化と、ノリ養殖漁場の拡大のために牡蠣礁の除去が続き、産卵条件が悪化した。さらに、初期の生残にとって厳しい時期を乗り越えて稚魚まで生き残ったヤマノカミを待ち受けている次のハードルは、河川に設置された堰やダムである。河口域から遡上してきた稚魚の多くは機能的ではない魚道を伝って上流に向かうことができず、堰の下の深みに集積される。本来、上流の清流で暮らすヤマノカミにとって、下流のよどみで、高密度で滞留する夏には高温下で命を落とす個体も多いのではないかと危惧される。温暖化との関連も指摘される昨今の激しい豪雨の局地的襲来も、下流域ほど大きな影響を受けるであろう。〝山の神〟の命《いのち》を粗末に扱うような人類に確かな未来はあるのであろうか。山の神と海の神の声が聞こえてきそうである。

有明海のスズキは〝日中合作〟

本種は、琉球列島ならびに北海道北部を除き、日本周辺の沿岸域、とりわけ東京湾、大阪湾等のような富栄養化と人工環境化した内湾にも適応する魚として、また、アユなどを追い求めて川を遡上する海の魚として、そのたくましさが注目される種である。[10] 本種は有明海にも沢山生息しているが、漁師仲間では、有明海のスズキは外界のスズキと顔つきが異なると、以前から区別されていた。そのことに注目した研究者が形態やアイソザイム等を使って有明海の外に生息するスズキとの違いを分析し、異質性を示唆した。最終的にこのことに明確な答えを出したのは、中山耕至氏（京都大学農学研究科助教）である。[11]

分子生態学を目指していた同氏は、有明海のスズキは中国大陸沿岸域から朝鮮半島西岸域に生息するタイリクスズキと日本在来のスズキとの交雑集団ではないかとの仮説を立て、精密な遺伝子分析を行い、有明海のスズキには、タイリクスズキのみに存在する遺伝子とスズキにしか存在しない遺伝子の両方を保持していることを証明し、両者の交雑集団であることを示した。問題は、現在では両種は大陸と日本に分かれて生息し、交雑する可能性はないにもかかわらず、交雑種が有明海に存在する矛盾である。

日本列島は、繰り返される氷期と間氷期を通じて、大陸と陸続きになったり、離れたりを繰り返してきた。最終氷期の最後の時期でも海水準は現在より百数十メートルも低く、中国大陸と日本列島は陸続きとなり、浅い東シナ海の大部分は陸化して、中国大陸沿岸域は日本の沿岸域に著しく接近した。この時タイリクスズキは九州沿岸域に分布を広げ、スズキとの分布が重なり、近縁種間で交雑が生じた。そして、地球の温暖化が始まり現在の海水準に戻った八〇〇〇年ほど前には、再び両種は別々に生息することになった。交雑集団の一部は九州沿岸にとどまり、有明海が形成されると、片親のふるさとに類似した環境の有明海に適応し、存続し続けてきたと推定された。

多くの有明海特産種が大陸沿岸遺存種と呼ばれるゆえんは、このような大陸と日本列島の地史的背景によるが、交雑集団の成立が有明海の生物多様性を一層豊かにしている可能性を示した点で画期的な研究成果と言える。それは、まだ解明が進んでいないだけで、同様の歴史的背景を有した生物が有明海には多く存在する可能性を示唆した点でも大いに評価される。問題はそのようなユニークな背景を有した生きものたちが多く存在する可能性が高い有明海の環境が著しく劣化し、人知れず絶滅する可能性が著しく高まりつつある点である。この海は、まさにわが国沿岸環境と沿岸漁業再生の〝試金石〟と位置づけられる。それは、この海の多くの生きものが大陸とつながる長い歴史性を有する点においても一層重要な意味を持つと言える。

三　森里海連環から見る自然の霊性観

先の二つの章で、場と生物種を取り上げ、事例的に森里海連環のいくつかの側面を紹介した。その根幹は多様な自然的つながりである。そして、その本来的なつながり（豊かな森が豊かな海を育むに代表されるような）は、人口の増加、目先の物質的豊かさの追求、経済成長最優先、多様な技術による自然改変など、社会と人間の在り様によって、負のつながりに転化している現実が重大化している。

森里海連環の根底をなすつながりは大きく二つの基本軸によって構築される。一つは、まさに森と海のように離れた存在をも包含する「空間的つながり」軸であり、もう一つは世代間に見られる「時間的つながり」軸と言える。そして、東日本大震災で一気に顕在化した、少子高齢化社会が潜在的に抱え込んだ諸問題の解決には、このつながりを今一度見直し、再構築する必要性が求められるに至った。命《いのち》のありようを見つめ直す段階、すなわち、ものに基盤を置いた物質文明の限界を見つめ直す段階に来ているとの認識である。それは、あたかも自然の霊性観の象徴でもある〝千年の大樹〟の意味を問い直すことでもあろう。科学やそれに依拠した技術がいかに進歩しても、千年の大樹を生み出すには、千年の時が必要との価値観の再生でもある。

「命」と「いのち」

私たちの存在は、心と体と社会（広義の環境）に加えてスピリチュアリティがますます重要性を増しつつあるとされる。その存在の本質は「命」と「いのち」であろうか。「命」は体の構造と機能の総体としての物理的生命としよう。一方、「いのち」は物理的生命に加えて、悠久の時間の中でつながるスピリチュアリティを包含した存在のように感じられる。東日本大震災からの復興の中で進められているコンクリートの巨大な防潮堤は、「命」を守る助けになる可能性はあるとしても、けっして「いのち」を守ることはできない。いや、時空間で多様につながる「いのち」を壊してしまう構造物といえる。それゆえ、地域に生きる人々には、理屈抜きに（感覚的に）その存在が受け入れられないのであろう。

問題は、人々の集まる都会では、ますます「いのち」の存在が軽視され（見えなくなり）、「命」をお金や技術で守りさえすればよいとの考えに流れていることにある。「いのち」を大切にし、それを守ることは直接の経済成長に反映されにくく、どうしてもお金基準の判断で「命」を守るインフラ整備が最優先される。都会の論理からは決して「いのち」につながる発想は生まれない。しかし、社会のマジョリティーは都会に暮らす人々であり、都会のオフィスの脱自然環境の中でパソコン相手に生み出される政策が社会の多数意見として、まかり通ってしまうのが現実と言える。

東日本大震災の最も深刻な悲劇は、何の落ち度もないのに、突然ふるさとを奪われたことにあると言える。それは、福島第一原子力発電所の崩壊に最も端的に見られる。ふるさととは、人が自然と調和し、長い年月をかけて代々紡いできたつながりの総合空間と言える。ここでは「命」より「いのち」が大切との共通認識が存在する。物理的「命」は都会の大病院にお世話になったほうが守れるが、それは「いのち」を捨て去ることであり、多くの人々がふるさとにとどまることを優先させる。このふるさとの根源的な力[12]の背景には自然の霊性が存在するように感じられる。

“聖地”としての境界域

全ての「命」に必須の物質は水であり、一方「いのち」は水の循環で支えられると言える。ふるさ

写真４　1970年代、有明海の泥干潟は子供たちの格好の遊び場であった。今ではその光景は全国の浜から消失した（中尾勘悟氏撮影）

とは、この水循環を実感する場に恵まれている。山からの水がわき出る湧水地、森からの水がわき出る海辺の湿地や干潟などである。これらは、隣り合わせた生態系の境界域に当たる。ここには当然多くの生きものが命を育み、生物多様性の源ともなっている。しかし、人はそのかけがえのない生物多様性を育む〝聖地〟としての価値より、当面の「命」の都合を優先させ、海辺の干潟や湿地を次々と埋め立ててきた。その結果、水辺に遊ぶ子供達を〝絶滅〟させてしまったのである（写真４）。東北太平洋沿岸域を直撃した巨大な地震と津波は、そのような場所を壊滅させ、地盤の沈下により海水の浸入を促し、もとの〝聖地〟（湿地や干潟）に戻してくれたのである。多くの「命」は奪われたが、同時にもう一つの大切な「いのち」の源を蘇らせてくれた。昨年八月に広島市を襲った集中豪雨による大規模な土石流の直撃を受けたのは、山と平地の境界にあたる〝聖地〟であった。人は、今一度謙虚に自然と向き合い、〝聖地〟から一歩下がることが防災や減災にもつながると言える。

自然は、境界域の集合体とも言える存在である。それは時間と空間を通した総合体であり、人知を超えた存在であることに、私たちは霊性を感じるのであろう。私たち人類の究極のふるさとは、海である。今から四億年以上前に海で誕生した最初の脊椎動物が魚類である。海で生まれた魚類は地球規模の大地殻変動の中で激変する環境に巧みに適応し、海から淡水域に移入し、その水辺で体の仕組みや機能を整えた後、上陸を果たした。水辺はまさに究極のふるさとに続く道と言える。浜辺に腰をおろし、地平線の彼方に悠久の時を経た祖先の誕生を思い描くとき、理屈抜きに懐かしさを感じるのである。その究極のふるさとへの道を自らことごとく閉鎖する先に確かな未来はあるのであろうか。

共生と自然の霊性観

生物多様性の大切さが唱えられて久しい。それは、私たちの「命」になくてはならない食料や資源を提供してくれる存在だとの認識が大勢を占めるように思われる。熱帯雨林における未知の遺伝子資源の存在のように、経済成長に役立つ存在との認識である。しかし、生物多様性の意義はそのような短絡的な有用性に本質があるのではなく、この限られた地球上に共に生きる生きものを思いやる価値観の転換[13]にとってかけがえのない存在だからであろう。生物多様性は「命」よりも「いのち」に深くかかわる問題だから、私たちは重視しなければならないと言える。

東日本大震災を受けて、多くの人々は、自然への畏敬の念を取り戻し、近代的な技術で自然を制御できるとの過信を戒め、そして、大量に物を生み出し、大量に消費し、挙句の果てには膨大な廃棄物を生み出す、物を基盤とした物質文明の限界と、それに終止符を打たないことには、持続可能な社会は生まれないとの思いに溢れた。今年は、弘法大師が高野山を開創して一二〇〇年が経過した記念の年である。弘法大師の教えは、違いを乗り越えて共に生きる「共生」と言える。それは、まさに物質文明の先に目指す新たな文明の根幹に据えられるべき理念である。[14]「いのち」を基盤とする「共生」社会の構築にはスピリチュアルな深化が求められる。

おわりに

つながりの科学としての森里海連環学が誕生してまだ十数年を経過したばかりである。筆者は、二〇一一年の東日本大震災の復興にかかわる中で、この生まれたばかりの学問も、既存の学問と同じように、歴史の審判を受けることになったと直感した。既存の全てのものがそれでいいのかとの問題提起を受けた中で、森里海連環学も復興を超えて、その先の持続可能社会の創生に貢献できないようでは、早晩歴史の屑かごに捨て去られるに違いないと感じたのである。その後の〝必死の〟の取り組みは一定の成果を上げつつあると思われるが、[15]まだまだ厳しい審判を受ける渦中にある。

これまでの森里海連環学では、生に焦点が合わされ、その裏腹の関係にある死については考えられることはなかった。生物、とりわけ動物の世界では生は他者の死の上に成り立つ。そして、その関係はいつでも、他者の生のために死を迎えるように、逆転する。人間だけがただ一つ、他者の死の上に生を享受し続ける存在となり、そのことをすっかり忘れ去っている。日々の食は、すべて他の生物の死（命）であることを。個の死の蓄積の先に種の死があり、それは新たな種の誕生として、命は連綿とつながる存在と言える。自然の霊性観はこのような悠久の時を経たつながりゆえに存在するように感じられる。

本講座のスピリチュアル学への執筆を依頼された筆者にとって、それは全く未知の領域であり、迷路からぬけだせないままに、随分とあいまいな原稿になったしまった。しかし、今悲鳴を上げている地球が抱える環境問題の解決には、先端技術よりはスピリチュアルな存在を大事にする価値観が必要なことに気付かされた。それは、間違いなく今後の森里海連環学の深化にとって重要なものに違いない。

ちょうど森の中で一週間の滞在を終えて、黒姫から京都へ向かう途中である。雪解けのこの時期の命の躍動には目を見張るものがある。桜前線は一気に北上した。家を出るとき、雪の下の土を掘って埋めておいた生ゴミが掘り出されているのに気付いた。きっとタヌキの仕業であろう。タヌキとの共存の意味を考える貴重な機会を提供下さった、本講座編者の鎌田東二先生に深謝申し上げる。

参考文献
1 田中克『森里海連環学への道』旬報社、二〇〇八年。
2 田中克「森・里・海の発想とは何か」京都大学フィールド科学教育研究センター編、山下洋監修『森里海連環学』京都大学学術出版会、二〇一一年。

3 畠山重篤『森は海の恋人』文藝春秋社、二〇〇六年。

4 宮沢正明『遷宮――第六十二回神宮式年遷宮全記録』柑出版社、二〇一五年。

5 井尻正二編『象がいた湖』新日本出版社、一九七四年。

6 Makoto Taniguchi, "Linkages Beyond the Surface-Subsurface and Land-Ocean Boundaries for Better Environmental Management in Asia", M. Taniguchi and T. Shiraiwa (eds.), *The dilemma of Boundaries*, Springer, 2012.

7 大橋力『音と文明』岩波書店、二〇〇三年。

8 佐藤正典『有明海の生きものたち』海游舎、二〇〇〇年。

9 NPO法人SPERA森里海・時代を拓く編『森里海連環による有明海再生への道――心の森を育む』花乱社、二〇一四年。

10 田中克・木下泉『スズキと生物多様性――水産資源生物学の新展開』恒星社厚生閣、二〇〇二年。

11 田中克「有明海特産魚：氷河期の大陸からの贈り物」田北徹・山口敦子編『干潟の海に生きる魚たち』東海大学出版会、二〇〇九年。

12 座小田豊「ふるさとの根源的な力と想像力の可能性」座小田豊・田中克・川崎一朗『防災と復興の知――3・11以後を生きる』大学出版部協会、二〇一四年。

13 デヴィッド・スズキ『いのちの中にある地球』辻信一訳、日本放送出版協会、二〇一〇年。

14 田中克「東日本大震災の現場から人と自然の共生を考える」『J. Seizon and Life Sci.』25-2. 二〇一五年。

15 田中克・畠山信・横山勝英・吉永栄一・夏池真史・畠山重篤「気仙沼市舞根地区における海と生きるまちづくりの実践」『環境科学』二〇一四年。

日本列島と環境思想

湯本貴和

はじめに

知人が海外旅行にいったとき、携帯電話のストラップにある七福神のお守りが、手荷物検査で検査員の目にとまったらしい。「これは何ですか?」「七人のカミサマです」「いや、カミサマはおひとりです」。「八百万のカミサマ」というのが、典型的な日本列島人のデフォルトだろう。山野草木にカミは宿る。そこに世界宗教の仏陀やキリストがやってきても、八百万のひとりとして数え込んでしまうのが、日本列島に生きる人々の自然な感情だった。わたしたちは、他の宗教が信じる神を否定しようとは思わない。どこの国にいっても、そこの人々が大事にしているカミサマに手を合わせることを厭わないのが、典型的な日本列島人である。

そのため、正月も盂蘭盆会もクリスマスも、ごくふつうに日本列島人のカレンダーに入り込んでいる。それが日本列島に生きてきた人々のスピリチュアリティであろう。原始以来というアニミズムを近代宗教のかたちにしたのは、日本神道とインド・ヒンドゥー教だけなのかもしれない。

この章では、日本列島に住む人々の自然に対するスピリチュアリティと、その破戒行為に対する論理構築について述べ、世界の環境問題に対するわたしたちの役割を考える基礎としたい。

木の国・日本列島

日本では太古より、生活の糧となる大いなる恵みを与えてくれる一方、ときにして甚大な災害をも引き起こす自然現象のなかに人智を超えた偉大な力を見出し、それをカミと呼んで畏怖・崇拝してきた。もともと目に見えない霊的な存在と考えられたカミは、木や岩、山、河などの自然物に宿るものとされ、とくに人目をひく秀麗な山や人を威圧するような巨大な岩は、カミの依代として崇められ、祭祀の対象になったのである[1]。

そのなかで、巨樹もまたカミの依代として畏怖と信仰の対象となってきた。仏像に石材や金属が多用されてきた中国や朝鮮半島にくらべ、日本では仏像あるいは神像に木材が多く使われてきた。それは、材料として豊富に入手できるというだけではなく、聖なる力の依代として巨樹自体が神聖なものと見なされてきたからである。雷に打たれた木を特別に選んだ例も知られている。このような仏像や神像は、一木造で内刳りをせず、カミが依りついた霊木からそのまま姿を顕したような造作をとることが多い。

木の霊にまつわる逸話は数多い。古木を伐ると血がでるとか、伐採した人夫が祟りを受けて病気になったり死んだりするとか、「木霊」に関する伝説がさまざまなかたちで各地に存在する。いったん伐り倒した樹木と木っ端が翌朝にはもとにもどっているという「木っ端もどり伝説」も木の霊の存在を主張するものである。[2] 謡曲では、「墨染桜」「杜若」「芭蕉」「藤」のように、草木の精がシテとして人間の姿をとる曲が数多くあることから謡曲の自然認識の特質として、「草木国土悉皆成仏」すなわち草木もまた有情と異なるものではなく、ともに真如そのものであると観念されている。[3] 屋久島でヤクスギの伐採を進言した泊如竹《とまりじょちく》（一五七〇〜一六五五）は、島人がヤクスギの祟りを畏れるのに対して、一晩、幹に斧を立てかけておいて倒れていなければ伐採してもよいという神意が示されるとした。現代になっても、道路拡幅のために巨樹を伐り倒したところ、さまざまな不幸が降り掛かったというような都市伝説がある。これらの伝説は日本各地に分布しており、巨樹がカミの依代あるいはカミそのものであると考えられていたことを示し、聖なる杜を伐採することに一定の精神的な歯止めがあったことを物語る。

モリとハヤシ

モリもまたカミの依代、あるいはカミの宿る神聖な場所をさし、「杜」という字に表されるようにヤシロそのものがモリと呼ばれていたようだ。[4] 神社をマモルところから、モル、モリとされたという説もある。鎮守の杜である。その意味では、「杜」あるいは「森」は、人手を加えない自然な森林、すなわち原生林のようなものをイメージすることができる。

日本列島の原生林は、東北日本の落葉広葉樹林と西南日本の常緑広葉樹林（照葉樹林）に大きく二分される。照葉樹林は、シイやカシ類、ツバキ、サカキなどの部厚い、照りのある葉をもつ常緑樹で構成されるのが特徴である。約二万年前の最終氷期最盛期（もっとも寒かったころ）には、照葉樹林は、九州南部、あるいは紀伊半島、伊豆半島に小さく残存していたのが、その後の温暖化にともなって西南日本一帯に広がったのである。

いっぽう、ハヤシとは「生やす」、木をハヤシておくところというのが語源とされる。実際に古史料では、「林」という漢字は「林（は）やす」という動詞で使われることが少なくない。狩猟採集が生業であった時代から、人々は樹木を住居の建材に用いるだけではなく、さまざまな道具の材料、薪や炭などの燃料として使ってきた。農業開発が進むにつれて、農地としての開発により森林は著しく面積を減少させてきた。しかし、建材や薪炭材としての需要は依然としてあり、さらには樹木の枝葉を田畑の肥料や牛馬の飼料として使う利用も進んできた。

こうして成立してきたのが、日本の里山である。農業を営むうえで、燃料や肥料・飼料を得るために、木をハヤシておく場所として里山林を管理してきたのである。とくに炭材として有用なクヌギなどを五～一〇年程度の短い伐期で皆伐して適切なサイズの材を得る管理は、長い間にわたって維持されてきた。皆伐によって光環境をよくすることによって萌芽再生（ひこばえによって樹幹が回復すること）を促進し、下刈りやつる切りという作業をしながら、多数のひこばえの中から成長のよい二～三本を残して仕立てて、また皆伐することを繰り返して里山を育成してきた。

しかしながら、信仰の対象としてのモリを残そうという動きと、生活に必要な材を得るためにハヤシとして利用しようという動きは、昔から対立しがちであった。有名なのは、近江国葛川《かつらがわ》の中世前期における周辺諸庄との山林をめぐる相論である。葛川は、琵琶湖西岸の比叡連峰と丹波山地の間に位置する。この地域のほとんどは山林が占め、耕地に乏しいが、奈良・平安時代から都城への材木供給地として重要であった。そのなかで葛川は周辺諸庄と異なり、不動明王を祀った修験道場の地、すなわち宗教的な聖地として山林資源が豊富に保存されていたため、周辺諸庄との木材の利用権をめぐる相論が絶えなかった。[6] ちなみにこの相論のなかでは、薪炭用につかった里山のことを後山《うしろやま》と呼んでいる。

このような森林が豊かな日本列島であったが、近世にはかなり広い範囲で草山、すなわち樹木がまばらにしか生えていない荒廃した森林になってしまったと考えられている。江戸時代の東海道五十三次などの浮世絵に描かれている風景からは、草山とまばらに生える松林というのが当時の典型的な自然であったことが窺える。また、明治・大正あるいは昭和初期に撮影された風景写真を見ると、日本全国にわたって禿げ山が広がっていたことがわかる。明治に製作された地形図を見ても、全国いたるところに荒地と呼ばれる草地が広がっており、松林が広い範囲を占めていることがわかっている。[7]

京都については、絵画を詳細に分析した研究がある。[8]『再撰花洛名勝図会』（一八六四年）のなかで、比叡山から南に連なる京都・東山を描いた『東山全図』では、近世後期には比叡山から大日山（南禅寺東方）あたりまでは高木がほとんどない柴草山であり、それ以南の山々には立派な松林が連なっていて、その山腹から麓にかけての社寺の周辺には竹林や杉、楓がわずかに見られることがわかっている。さらに、『帝都雅景一覧』（一八〇九年）、『華洛一覧図』（一八〇八年）、『澱川両岸勝景図会』（一七六五年)、『洛外図』(一六六〇年)と江戸前期にまで時代を遡っても、京都近郊には大規模な広葉樹林はまったく見られない。

このような森林は、とくに近世の農業開発に伴って、農業生産あるいは生活に必要な建材や農具用材、炊事や採暖用の燃料、肥料として農地に鋤き込む刈敷などで、過剰利用がおこなわれた可能性を示唆している。江戸時代の絵図には、刈り取った木の枝や葉を田に刈敷として鋤き込む作業が多く描かれている。田畑一反(三〇〇坪=約九九一・七平方メートル)あたり年間二〇駄(一駄は馬一頭に負わすだけの重量で三六貫=約一三五キログラム)の刈敷が必要で、それは山林面積にして一〇～一二反が必要であるという計算になる。また農家一軒あたりの薪消費量は年間二〇～三〇駄であり、一〇～一八反の山林面積に相当する。[9] また、秣《まぐさ》や屋根葺き用の萱取りのために、野焼きをして草山を維持することも多く、そのために春先に山火事が頻発することから、近世では各藩で盛んに注意を促す法令を発したり、延焼防止策を命じたりしていた。[10]

都市近郊だけではない。青森県の白神山地は日本で最初にユネスコ世界自然遺産に登録された場所であるが、この付近の森林伐採を描いた江戸時代の絵画がある。弘前の画家であり、国学者でもあった平尾魯仙が一八六二年に制作した五二場面からなる『暗門山水観』である。このなかには、漂流の薪材を渡る図、堤を放して薪材を流す図、鬼河辺の郊野に薪材を積む図の三場面が含まれている。[11] これによって、現在の西目屋村で薪材がかなりの規模で生産され、堤を築いて水流で運んでいたことがわかる。

残っていた鎮守の杜

そのなかで各地に鎮守の杜が残されてきた。社殿のない神社では大和の三輪神社が有名であるが、全国にわたって点々と分布している。[12] 熊野は社殿のない神社が多いところで、野本寛一は『熊野山海民俗考』で七〇にも及ぶ例をあげている。[13] 熊野那智大社の別宮飛瀧神社では那智の滝そのものが神体であり、鳥居の向こうには滝が落ちているだけで社殿はない。熊野速玉神社の本宮神倉神社は、熊野大神が降臨したというゴトヒキ岩を祀る。熊野の社殿のない神社には矢倉神社という名前が多く、南方熊楠は「人柱の話」のなかで、「紀州東牟婁郡に矢倉明神の社多し。方言に山の険峻なるを倉という。（中略）大抵は皆巌の霊を祭れるにて別に社がない」としている。

これら社殿がない神社は奄美・沖縄の御嶽に似ているという指摘も、古くからある。御嶽とは、琉球のカミが存在または来訪する場であり、祖霊を祀る場でもある。カミに仕えるのは女性であり、現在でも多くの御嶽では男性の進入を制限していることが多い。宮古地方では「すく」、八重山地方では「おん」と呼ぶ。御嶽の多くは、森、泉、川などであり、イビ石というカミの依代が存在する場合があるがご神体ではない。大きな御嶽には「カミあしゃぎ」と呼ばれる建物が設けられることがあるが、これはカミを歓待するための場である。

折口信夫は『琉球の宗教』で「内地の杜々の神も、古くは社を持たなかったに相違ない。（中略）社殿に斎かなかった神は、おそらく御嶽と似た式で祀られていたものであろう」とした。[14] 古代の神社が、御嶽同様に社殿のない森であったろうとは『万葉集』において「社」と書いて「もり」と読ませていることが傍証となるという。さらに岡谷公二は、韓国・済州島の村単位の地縁・血縁共同体の信仰の場である「堂」も、多くの場合、一本あるいは数本の古木からなっており、建物を伴わないことが多いと指摘し、御嶽との関連を類推している[15]。ちなみに、堂でカミを祀るのが女性であることも済州島の大きな特徴とされている。

南方熊楠は、一九〇四年（明治三七）から田辺に家を借りて、近郊の山野をフィールドに菌類、とくに粘菌の研究をおこなっていたことはよく知られている。四年ほどの調査で五〇種あまりの粘菌を見出し、菌類、藻類、地衣類も田辺付近に発見が多いことを喜んでいたという。これらは、糸田・猿神社のタブノキ、神楽神社のため池、龍神山の境内などの、鬱蒼と茂った社寺林のなかであった。なかでも糸田・猿神社のタブノキの大木では三〇種ばかりの粘菌を見つけ、そのうちの一種は世界でここにしか産しないとしている。たしかにみだりに人が荒らさない鎮守の杜は、農地や公園には見られないさまざまな小動物や植物が生息していて、菌類、藻類、地衣類だけでなく、いわゆる隠花植物であるシダ植物やコケ植物、顕花植物でも着生植物や腐生植物（菌従属栄養植物）など、本来、原生林に住まう植物たちが密かに生きながらえてきたのである。

この秘めやかな生物の楽園である鎮守の杜に、明治末期の神社合祀政策が大きな危機をもたらす。神社合祀政策は一九〇六年（明治三九）に内務省が出した勅令、すなわち神社合祀令によって進められ、一九一四年（大正三）までに全国で約二〇万社あった神社のうち、七万社が取り壊された[16]。神社合祀の目的は、荒廃しつつある神社を合併して、残った神社に経費を集中させることで一定基準以上の設備・財産を備えさせ、神社の威厳を保たせて、神社の継続的経営を確立させることにあった。郡村では少ないところでも五〇〇円、多いところでは三〇〇〇円から八〇〇〇円におよぶ基本金の積立が用意できない神社は存続を許さないという方針を立てた[17]。明治四〇年の米一俵（玄米六〇キログラム）の価格は四円七二銭とあるので、現在の玄米一俵約一万五千円で換算すると、基本金は安くて一六〇万円、高いところでは九五〇万円から二五〇〇万円に価する。

さらに地方の自治は神社を中心におこなわれるべきだという考えがとられ、「一村一社の制」を廃合の基準とし、神社の氏子区域と行政区画を一致させることで、町村唯一の神社を地域活動の中心にさせようとした。その結果、神社の由緒、土地の近遠、史蹟の有無を問わず、さらに老樹巨木のある神社はかえって木の少ない神社に合祀することで、社地を公売し、神林を伐採して基本金を調達するように誘導した[18]。これらは、神社は「国家の宗祀」であるという国家原則に従って、地方公共団体から府県社以下神社に公費の供進を実現させる（一九〇六年「府県郷社ニ対スル神饌幣帛料ノ供進」に関する勅令）ために、財政が負担できるまでに神社の数を減らすという内務省の方針によるものであった。

この背景には、近代化を能率的に遂行するための戦略として、明治政府が急速な中央集権化を図ったことにある。その行政的側面として市町村合併、国民教化システムの側面として神道の国教化と神社合祀が位置づけられる。一八七四年に七万八二八〇あった全国の町村数は、市制町村制が交付された一八八八年末までに七万一三一四に減少し、さらに一八八九年末までに一万五八二〇にまで激減した。これを受けて、これまでの旧町村には必ずひとつの産土《うぶすな》の神社があったため、合併によって複数の産土社をもつようになった町村で合祀が進められたのである[19]。ただし、この政策を進めるのは府県知事の裁量に任されたため、その実行の程度は地域差が出るものとなった。特に合祀政策が甚だしかったのは三重県と和歌山県であり、愛媛県もそれについで合祀政策が進められた。一方、京都府では合祀によって廃社されたものは一割程度であった。

このように合祀政策は、古色の濃い杜が多い伊勢と熊野で徹底的に実施されたことが悲劇であった。熊楠によると、三重県では生き残った神社が九四二に対して滅却した神社が五五四七、和歌山県では生き残った神社が七九〇に対して滅却した神社が二九二三である。遡る一八七一年（明治四）の太政官布告で、全国の神社は、官社、府県社、郷社、村社、無格社と五段階に格付けされ、伊勢皇大神宮を頂点として系列化された。そのなかで神社合祀は村社や無格社について徹底的に実施され、建築としては立派なかたちをなしていない、単なる祠しかもたないような神社、すなわち古代の信仰を濃く残す杜が真っ先に取りつぶされることになったわけである。

熊楠は、この神社合祀政策に徹底的に反対したことが知られている。この危機に際して、一九一一年に東京大学植物学教室教授・松村任三に宛てて書かれた手紙は、柳田國男によって『南方二書』としてまとめられた。そのなかには、山林や社地を売って私腹を肥やす、役人や神官の一種のモラル・ハザードに対しても厳しい意見を述べている。

熊楠が全身全霊をかけて運動した甲斐もなく、多くの神社が合祀され、杜や神樹巨木が失われた。熊野古道の紀伊路・中辺路の沿道にあった九十九王子と呼ばれる神社も多くが合祀され、その跡地は農地になったり、学校が建てられたりした。いまも神樹巨木が残るのは、田中神社の森（上富田町）、高原熊野神社のクスノキ（田辺市中辺路）、野中・継桜王子社の一方杉（田辺市中辺路、ただし九本のみ残る）などわずかである。

マタギの山菜採り

世界自然遺産で知られる白神山地は、青森県と秋田県にまたがるブナ林の天然林が広がる地帯である。ツキノワグマやカモシカの生息地であるとともに、大型キツツキであるクマゲラが住む本州で数少ない場所のひとつである。白神山地は人跡未踏の地ではない。おそらくは中世、少なくとも近世からは、赤石川沿いの赤石マタギ、岩木川沿いの目屋マタギ、笹内川沿いの岩崎マタギ、追良瀬川沿いの深浦マタギ、秋田県側の藤琴川沿いの藤琴マタギといった人々の狩猟や山菜採りの場であったのだ。

マタギは、東北地方から中部地方にかけて、春クマ猟、つまり冬眠から醒めたクマを獲って肉や毛皮、胆嚢を得てきた猟師集団である。近世後期からは火縄銃、明治になってからは村田銃という鉄砲の使用で、突出した技量を示すようになる。頭領（しかり）の統制のもとで、伝統的な狩猟技術、信仰、儀礼を伝承し、資源保全的な狩猟をおこなってきたとされる。基本的には農業を営みながら、季節を選んで山に入って狩猟、炭焼きなどの山仕事に従事してきた。

青森県西目屋村を訪ねて、白神マタギ舎の工藤光治さんと牧田肇さんのご案内で、山菜採りの知恵を教わった。牧田肇さんは長年、弘前大学で地理学と環境科学を教えておられた方である。工藤光治さんは旧砂子瀬のお生まれで、父・作太郎氏は目屋マタギの頭領であった。お父さんの指導で、一五歳から狩猟、林木伐採、炭焼きなどの見習い修業を始めたという方である。

ブナ林は山菜の宝庫である。まだ雪の残る四月からさまざまな山菜が採り頃を迎える。最近は林道がかなり奥まで入るために、都会からたくさんの人々が山菜採りに訪れる。しかし、概して山菜採りのマナーがよくない。見つけ次第、片っ端から採ってしまう。工藤さんは「同じ時期に同じ場所で、同じ質のものを同じ量、採れるように」という山菜採りの極意を示してくださった。

「しどけ」（モミジガサ）は、おひたしやあえものに適した代表的な山菜ともいえるものであるが、「一〇本固まってあるうちのせいぜい四〜五本。せっかく採るのだから、太いのを選んで採ります。細いのは来年までに栄養を蓄えます」。「あいこ」（ミヤマイラクサ）は、細かい刺があるため、必ずゴム手袋をはめなければならないが、「一本だけ生えているのは採らないで、株になっているものから、間引くように採ります」。「みず」（ウワバミソウ）は春先だけではなく、九月頃まで食べられる便利な山菜であるが、「一〇本あるうちのせいぜい四〜五本、根茎を左手で押さえておいて、一節だけ採ります」。来年の芽を残しておくためだ。そうでないと「尽《つ》けてしまう」とおっしゃる。これらの山菜はすべて手で折りとる。簡単に手折れるところまでが柔らかくておいしいが、無理に折れないところを持って帰っても、硬くて食べられない。

この地域にはアキタブキとよばれる大きなフキがある。重要な山菜であり、沢沿いの岩の上のものが良質であるという。「これは茎を刃物で切ります。そうでないと根が抜けるし、中心の株を傷めてしまいます。そして切ったあとを踏みつぶしておかなければいけません。そうでないと切り口に水が溜まって株全体が腐ってしまうからです」。工藤光治さんは、このような知恵をお父さんから教わり、それを代々伝えていくことが自分の使命であるとおっしゃるのだ。

しばらく歩いていくと、ゼンマイの新芽が全部採られている場面に出くわす。山菜採りのマナーを知らない人のやり口であるという。「これでは来年はほとんど出ないでしょう。四本あれば二本は残しておかないと」。これは「ゼンマイの一本残し」といって東北では広く知られた教えである。

工藤光治さんはまた、クマ狩りについても、獲物は「山神様からの授かりもの」なので、無理に獲ろうとしても無駄だし、授けてくださるものを拒否してもいけないとおっしゃった。このような狩猟や採集では危険と背中合わせである。自然の恵みとして、クマも山菜もすべてが授かりもののひとつであり、それを粗末にすると「ばちがあたる」のである。

山形県置賜地方の草木塔などの供養塔

草木塔《そうもくとう》とは、「草木塔」、「草木供養塔」、「草木供養経」、「草木国土悉皆成仏」などという碑文が刻まれている塔である、日本国内に一六〇基以上の存在が確認されているが、約九割が山形県、とくに置賜《おきたま》地方に集中して存在している。[20] もっとも古い草木塔は、山形県米沢市大字入田沢字塩地平の江戸時代中期の安永九年（一七八〇）七月一九日建立の銘があるものである。江戸時代に建立された草木塔は三四基が確認されているが、そのうち三二基は山形県に存在し、それ以外では安政六年（一八五九）の福島県耶麻郡熱塩加納村と、文久三年（一八六三）の岩手県和賀郡沢内村の二例だけである。[21]

置賜地方は、江戸時代には米沢城下に用材を供給する重要な役割を果たしていた。山から伐り出した用材は、「木流し」という方法で米沢まで運んでいた。山で伐採した用材は積雪期に斜面を滑らせて川辺の貯木場まで搬出し、春になって雪解けで増水した流れを利用して下流の中継基地まで流して蓄えておく。水かさの増す一〇月末に本格的に木流しをおこない、最終目的地まで一気に用材を運んだ。この作業は、流れる材木を追って川縁を走り、本流から外れた材木があれば水中に飛び込んで本流に戻してやるという、非常に危険で過酷なものであったという。[22]

江戸時代に置賜地方に建立された草木塔は、この木流しの拠点に沿って分布していることが大きな特徴となっている。このため木流しに従事していた木流し衆が、危険な作業の安全を祈願して草木塔を建立したのではないかという説がある。現在知られている最古の草木塔は、米沢藩の御林《おんばやし》があった入田沢に建立されている。建立の七年前の安永二年（一七七三）に、米沢藩の江戸屋敷が大火に見舞われて類焼した。米沢藩では藩邸再建のために田沢地区の御林から大量の用材を伐り出し、江戸まで搬送したとされる。御林では、道標として残しておくべき巨木や、治山治水に必要な木々まで伐り出され、赤い地肌が曝される禿げ山になったと伝えられている。当時の米沢藩は九代藩主・上杉鷹山（治憲）（一七五一〜一八二二）の治世下にあり、名君で知られる鷹山が御林の植林を進めると同時に草木塔の建立を示唆したのではないかともいわれるが定かではない。[23]

現地を訪ねると、草木塔は「湯殿山」や「水神」といった他の石碑と同じ場所に集められていて、石造物がたいへん多い土地柄であることがわかる。この地域には出羽三山の修験者が生活を支えるために村に入り、信仰を通して村の人々と交流していたことがわかる。入田沢字塩地平の草木塔の約二週間後に建立された大字口田沢字大明神沢の草木塔には「一佛成道観見法界草木国土悉皆成佛」という経文とともに、「講中口田沢」という建立者を表す文字が刻んである。これが修験道の影響を受けた僧侶や山伏の指導を受けた、山仕事を生業とする村民が中心となって草木塔の建立が始まったという説の根拠のひとつとなっている。現在でも、自然の厳しさを畏れ、山仕事の安全を祈願する信仰の象徴として、回向や供養のおこなわれている草木塔が田沢地区には多く残っているという。[24]

日本列島では古くからクジラ類を食用としてきたが、捕鯨が始まったのは室町時代からであり、江戸時代になると各地で捕鯨がおこなわれ、とくに南海（土佐・紀州）や西海（九州北部・西部）で盛んとなり、これらの地域には捕鯨業者が建てた鯨墓が残っている。また捕鯨がおこなわれていなくとも、クジラが座礁したり、死んだクジラが漂着したりした場所にも鯨墓があることもある。これらにはクジラを長年捕獲し続けたことに対する供養や、クジラが浦を潤したことに対する頌徳碑が多い。しかしなかには腹子持鯨、すなわち胎児をもつ母鯨を供養するための墓が含まれている。

夢に親子鯨または孕み鯨が現れて助命を嘆願したのにもかかわらず、これを獲らえたために祟りがあったという因縁話は各地に伝わっている。[25] 佐賀県・呼子では、ある羽刺（クジラに銛を打ち込む役）が夢で親子連れのクジラから、弁天島にお詣りに行く途中だからどうか獲らないでくれと哀願された。翌日出漁すると親子連れのクジラがいたので、夢を思い出して獲るのをためらったが、仲間から促されてやむを得ず子鯨を獲った。夕方、帰宅した際、玄関で銛が落ちて子どもの胸に刺さって即死させた。羽刺は死んだ子を胸に抱いて入水して果てたという。

長崎県の五島列島には、紋九郎鯨の話がいろいろなかたちで伝わっている。[26] その大筋はこうである。崎山村白浜で捕鯨をおこなっていた紋九郎はある夜、夢のなかで三三尋もあるセミクジラが福江島・玉の浦の大宝寺にお詣りに行くために白浜を通るが、どうか獲らないでもらいたいと頼んだ。

一七一六年（正徳六）正月二二日、宇久島の沖を通りかかった親子鯨を獲ろうと出漁したところ、激怒したクジラが鯨船を壊し、紋九郎組七二名全員が亡くなった。この話には、紋九郎は事故の二年前に死んでいること、七二名の遭難の墓が正徳年間には見当たらないことなど、事実と異なることも指摘されているが、子連れのセミクジラに対する畏れが強い印象をもって伝えられたのであろう。

和歌山県・太地の捕鯨については『熊野太地浦捕鯨史』に詳しいが、そのなかに「背美の子持は夢にも見るな」という記事が見られる。子連れのときには子のほうを先に獲らえれば、母鯨は子を案じて逃げさることがなく、親も間違いなく獲らえられるが、勇猛なセミクジラでは万一、子のほうに先に手をだすと母鯨は心配して暴れ、親に先に手を出すと子を案じて一層暴れて容易に獲らえられないから、セミクジラの子連れ鯨を相手にしてはならないという戒めである。

明治一一年一二月二四日（旧暦で一二月朔日）は雨天で北東の風であったが、午後三時頃にセミクジラの子連れが太地の沖にやってきた。太地湾内で網をかけたが、クジラはそれを破って沖に出たため、鯨船団も追って沖に出たが、このころには天候は険悪になった。二五日になって沖合でクジラを仕留めたものの、天候不良とクジラが大きいので陸まで曳航できず、そのうちに鯨船団は黒潮の流れに入ってしまってクジラを放棄したが、わずかな米や水もなくなり、二六日には西風強く、鯨船団は散り散りになってしまい、なかには運よく伊豆諸島に流れ着いた者もいたが、百余名の犠牲者を出す大遭難事故となった。世にいう「背美流れ」である。

これらの鯨墓やその伝説は、子連れのセミクジラの危険性を伝えるとともに、クジラのもたらす大きな恩恵と、クジラの命をいただくこと、とくに孕み鯨や親子鯨を獲ることへの後ろめたさとの、心の葛藤を表しているのには違いあるまい。

永松敦によると、イノシシ猟に従事していた宮崎県・椎葉の明治生まれの猟師は、獲物一頭あるごとに山の神祭りに用いるオコゼに一枚の紙を巻き、九九九頭の獲物があった時点で猟をやめなければならないと伝える。[27] 鹿児島県では、千頭の獲物があると千頭供養の塔を建てるところもある。椎葉では、千頭目を仕留めてしまって女房が入水自殺をしたり、化けネコに襲われたり、あるいは発心して動物の霊を慰める像を作ったり、さまざまなバリエーションの説話が残っている。

シシを九九九頭あるいは千頭捕獲し、そののち発心して仏教信仰に身をゆだねて、仏像などを彫像するというのは、狩人寺院開創説話に通じるものがある。[28] 伯耆大山では、俊方という弓取が狩りをしていたとき、あまりに多くのシカが獲れるので不思議に思っていると、我が家の持仏堂の千体地蔵に矢を放っていることがわかり、これを機に殺生を止めて発心し、地蔵菩薩を本尊として祀ったとされる。また東北マタギの『山立由来記』では、盤司と盤三郎という兄弟の狩人が、慈覚大師の教化により殺生をやめ、大師による立石寺（山形県山寺）建立のために力を注ぎ、立石寺周辺を殺生禁断の地にしたという。紀伊の粉河寺《こかわでら》縁起でも、狩人が山中で光り物を見つけて発心し、柴の庵を結ぶことが描かれている。このように狩人が山中で奇異な現象に遭遇し、発心して仏道に入る説話は鎌倉初期から語られていることがわかる。

千頭捕獲の儀礼については、サケ漁でも見られる。新潟県山北町の曹洞宗寺院である高岩寺と常楽寺では、サケのセンボンクヨウという儀礼に関与している。これはもともと海におけるサケの建網《たてあみ》漁《りょう》の儀礼で、サケが千本捕れるごとに卒塔婆を一本建てて、その霊を供養するものである。「サケ千本殺すと人一人殺したのと同じ」といって、一度に大量に捕れる海浜の漁師の間でおこなわれてきたのが、最近、漁協によって川でもおこなわれるようになった。[29] 同じように多くの漁協では、近年「鮭霊塔」を建立し、組合員や組合役員によって「鮭霊祭」がおこなわれるようになった。ちなみに山形～新潟では、捕れたサケの頭を叩いて絶命させる木の棒のことを「安楽棒」と呼び、大量に捕殺することに対する、ある種の罪悪感とその正当化が感じられる。このサケの千本捕獲も先に述べたシシの千頭捕獲も、ともに草木塔と同じく、修験者が生活を支えるために村に入り、信仰を通して村の人々と交流していたこととの影響が窺える。

殺生禁断と殺生の方便

日本人は仏教伝来以降、肉食を避けていたという説がある。この文脈でしばしば引用されるのが、俗に「天武肉食禁止令」と呼ばれる『日本書紀』天武四年卯月庚寅条である。この史料について繰り返して言及している原田信男は、稲作との対比を視野に入れて、弥生時代以来、水田稲作に肉食が障害となるという肉食忌避信仰が存在し、ここでは肉食そのものを禁じたのではなく、その目的は水田稲作の円滑な推進のためであったので、厳密には一時的な殺生禁断令と見なすべき政策であったとする。[30] しかし、中国・六朝後期、すなわち五世紀初頭に成立した『大般涅槃経』は「一切衆生、悉有仏性」という立場から、草木国土悉皆成仏という思想を有し、肉食の全面禁止を最初に説いた仏典とされる。[31] これが天台や華厳の教学に採り入れられたことから、律令とともに本格的に日本へ伝えられて、大きな影響力を有することになった。

にもかかわらず､狩猟・漁撈に携わる者を救う論理も登場してくる。日本では諏訪大社にあるように、神事として狩りをおこなう狩猟神事が見られた｡元旦に冬眠中のカエルを弓で射る蛙狩神事に始まり、五月初旬の五月会御狩、六月末の御作田御狩、七月末の御射山御狩、九月下旬の秋庵御狩では、集団でシカやイノシシ、そしてクマを狩って神前に供えた。神社とはいえ、当時は神仏習合である。仏教影響下の神事として、殺生の是非に関する疑念が拭いきれなかったと見える文献が残っている。『諏方大明神画詞《えことば》』（一三五六年）では、蛙狩神事に付帯して次のようなことばが出てくる。

およそ当社生贄の事、浅智の疑い殺生の罪、去りがたきに似たりと云えども、業尽有情、雖放不生、故宿人身、同証仏果の神勅を請け給われば、まことに慈悲深重の余りより出て、暫属結縁の方便を儲け給える事、神道の本懐、和光の深意、いよいよ信心をもよおすなり。

このなかで「業尽有情、雖放不生、故宿人身、同証仏果」というのが鍵となる考え方である。業の尽きてしまった有情（＝動物）は放っておいても生きられないゆえに人身に宿して（＝殺して食べてしまって）やれば、人間と一緒に成仏できるのだと説いているのだ。

さらに遡る仏教説話集である『古今著聞集』（一二五四年）の巻二十「東大寺春豪房并びに主計頭師員蛤を海に放ち夢に愁訴を受くる事」を見よう。

東大寺上人春豪房、伊勢の海いちしの浦にて、海人はまぐりをとりけるを見給ひて、あはれみをなして、みな買ひとりて海に入れられにけり。ゆゝしき功徳つくりぬと思ひて臥し給ひたる夜の夢に、はまぐりおほくあつまりて、うれへて云ふやう、「われ畜生の身をうけて、出離の期を知らず。たまたま二宮の御前に参りて、すでに得脱すべかりつるを、上人よしなきあはれみをなし給ひて、また重苦の身となりて出離の縁を失ひ侍りぬる、かなしかなや〳〵」といふと見て、夢さめにけり。

（出離＝迷いの世界や煩悩の束縛から離れること）

東大寺の春豪房という上人が、伊勢の海で漁師にとられたハマグリをあわれに思い、すべて買って海に放流したところ、夢にハマグリがたくさんでてきて「わたしたちはハマグリという畜生の身となって、いつになったら迷いの世界や煩悩の束縛から離れることができるかと思っていた。たまたま漁師に捕まって、やっとこのハマグリという境遇から脱しようとしていたのに、上人が無慮な憐憫の情をだしたものだから、またハマグリから脱することができなかった。悲しい、とても悲しい」というのを見て、目が覚めたという話である。

ここでは、人間は動物を食べることで、畜生道に落ちているものを救うことができる、すなわち殺して食べることこそが功徳であるという考え方が示されている。熊本・阿蘇神社の「下野《しもの》狩神事《かりしんじ》」は、毎年、阿蘇の草原で春先に勢子を近郷から三〇〇〇人以上を集め、草原を焼いてシカやイノシシを追い立てる大規模な巻狩りをしていたが、この際に狩られたシカは転生して阿蘇神社の神官となり、見物した人たちも往生の道に導かれるとしている。

こうした生業による殺生を正当化する論理が出現するなかで、供養塔はやむなく殺生をせざるをえない人々のせめてもの贖罪の意味をもって、この日本に広く定着したのであろう。日本の獣医学部がある大学には、実験動物の霊を慰める慰霊碑があり、献花がとだえることがない。かといって、日本列島の開発に自然に対する畏敬が全面的にストップをかけたわけではないようだ。古代の新田開発においても『常陸国風土記』の行方郡《なめかたこおり》の夜刀神《やたのかみ》の説話では、麻多智《またち》が西の谷の芦原を開拓していくときに、山の口に標《しるし》となる杖を立て、そこを支配していた夜刀神に対して「ここから上を神の地となし、ここから下を人の地とする。今よりのちには自分が神の祝《はふり》となって、とこしえに敬い祀るので祟りをするな」と宣言して、社殿を設けて夜刀神を祀ったとされる。しかし、その約束も時が下るにつれて忘れ去られ、神の地はだんだん追いつめられて今日の日本列島が形成されたと考えて間違いない。

生物のレフュージアと人間のアジール

人間活動が環境を著しく変化させた過去数千年の歴史のなかでも、急峻な地形で人間のアクセスを阻んだ奥山をレフュージア（逃避地）として、さまざまな生物が生きながらえてきた。もっとも哺乳類に対する狩猟圧が高かった明治から第二次世界大戦までの間に、東北地方では多くの大中型哺乳類が大きく数を減らした。そのうち平地性のシカ、イノシシ、オオカミはほぼ完全に姿を消し、山岳地帯に逃げ込むことができるクマ、サル、カモシカは局所的な絶滅を免れた。[32] 彼らは人間の力が及ばない急峻な奥山で生き延びたのである。

この地形的なレフュージアに加えて、人間活動による自然に対する圧力のなかで、小規模ながら政治的あるいは宗教的に人が安易に手出しできなかったレフュージアが存在していた。それは留山あるいは巣鷹山、のちには国立公園という名目で中央政権が設定した資源保護区であり、自然に対する畏敬の念によって護られた聖地である。

沖縄北部のやんばる地域は、オキナワトゲネズミ、ヤンバルクイナ、ノグチゲラ、リュウキュウヤマガメ（やんばると周辺諸島に固有）、オキナワトカゲ（やんばると周辺諸島に固有）、ハナサキガエル、ナミエガエル、ホルストガエル（やんばると渡嘉敷島に固有）などの固有種を擁することが知られている。しかしながら、近代から現代にかけて、やんばるの森は伐採され、稜線部までサツマイモ畑として開墾された。それにもかかわらず、多くの固有種が生き残ったのはなぜかということを考えると、聖なる杜である御嶽の存在に気づかされる。水源地を護る御嶽、先祖の地を護る御嶽、そして神樹巨木を護る御嶽が沖縄には存在し、それがもっとも自然を酷使し、収奪することで生物の生息域を狭めた時期にも生物たちにとってのレフュージアであったに違いあるまい。人間干渉が弱まるにつれて、その生物たちが各地に分布を再拡大したのは、ちょうど氷河期が終わって温暖になったのちにレフュージアから分布を再拡大したのとよく似た過程であろう。実際やんばるでは、サツマイモ畑が森林に戻るにつれ、森林性のアカヒゲなどは増えているように思われる。

済州島との関連が推測される対馬の天道信仰の聖地・卒土は、三世紀はじめごろの朝鮮半島の馬韓を記した『三国志』に述べられた蘇塗につながる聖なる杜である。卒土も蘇塗も一種のアジール（逃避地、自由領域）であり、そこに逃げ込んだいかなる罪人も逮捕することはできなかったという。人間にとってはアジールであり、生物にとってはレフュージアであった聖なる空間こそ、統治権力が及ばぬ世俗勢力と無関係なカミと人間と動植物が共生する杜なのではないだろうか。

1 谷口耕生「神仏習合美術に関する覚書」『神仏習合』奈良国立博物館、二〇〇七年、六―一六頁。
2 野本寛一『共生のフォークロア』青土社、一九九四年。
3 中村生雄「殺生罪業観と草木成仏思想」『狩猟と供犠の文化誌』中村生雄・三浦祐之・赤坂憲雄編、森話社、二〇〇七年、五九―九〇頁。
4 上田正昭「鎮守の森の原像」『探究「鎮守の森」』上田正昭編、平凡社、二〇〇四年、五―一七頁。
5 同上書。
6 水野章二『日本中世の村落と荘園制』校倉書房、二〇〇〇年。
7 千葉徳爾『はげ山の研究』増補改訂版、そしえて、一九九一年。
8 小椋純一『絵図から読み解く人と景観の歴史』雄山閣、一九九二年。
9 所三男『近世林業史の研究』吉川弘文館、一九八〇年。
10 水本邦彦『草山の語る近世』山川出版社、二〇〇三年。
11 工藤光治・牧田肇「『暗門山水観』の木流し」『白神研究　第2号』弘前大学出版会、二〇〇五年、一一―五頁。
12 岡谷公二『原始の神社を求めて』平凡社、二〇〇九年。
13 野本寛一『熊野山海民俗考』人文書院、一九九〇年。
14 折口信夫「琉球の宗教」『折口信夫全集』第二巻、中央公論社、一九二九年。

15 岡谷前掲書。
16 鶴見和子『南方熊楠――地球志向の比較学』講談社、一九七八年。
17 飯倉照平・長谷川興蔵編『南方熊楠百話』八坂書房、一九九一年。
18 同上書。
19 鶴見前掲書。
20 土橋陸夫『草木塔』やまがた草木塔ネットワーク事務局編、山形大学出版会、二〇〇七年。
21 同上書。
22 同上書。
23 同上書。
24 同上書。
25 吉原友吉『房南捕鯨』相澤文庫、一九八二年。
26 同上書。
27 永松敦『狩猟民俗と修験道』白水社、一九九三年。
28 同上書。
29 菅豊『修験がつくる民俗史』吉川弘文館、二〇〇〇年。
30 原田信男「殺生罪業観の展開と狩猟・漁撈」『狩猟と供犠の文化誌』中村生雄・三浦祐之・赤坂憲雄編、森話社、二〇〇七年、二一一―五七頁。
31 同上書。
32 伊沢紘生「なぜクマ、カモシカ、サルは東北で生き延びたか」『山と森の環境史』湯本貴和編、池谷和信・白水智責任編集、文一総合出版、二〇一一年、五三―七四頁。

建築と都市と地域の水みち再生

神谷 博

はじめに

スピリチュアルという難しい概念に関わる執筆の依頼があった時、さてどういう立場でこれを受けたらよいのか、戸惑いがあった。筆者の職能は建築士なのであるが、川や湧水、地下水の保全に関わる市民活動や児童館での子供の遊び場づくりの活動、雨水循環系の再生に関わる建築学会における活動、また景観アドバイザーとしての公的仕事など、建築、造園、まちづくり、村づくり、その他もろもろの分野に広く携わってきた。様々な仕事や活動に携わる中、何屋だかわからない状況に至っている。産官学民の立場に少しずつ足を突っ込んだ状況の中、大学で教えている環境生態学が科学的な立脚点となる。しかし、それは客観的知識であっても自分のものとは言えない。これまでの活動の体験に根差した話として、本業の設計（デザイン）と「水みち」の視点ならば少しテーマに近づける。そうした経験から身についた思想信条のようなものが私自身のスピリチュアルを語る立場になる。あえて一言で言うならば、水みちデザイナーという立場から論を進めていきたい。そんな職能はないのだが、建築家という言葉は使いたくないということもあり、そう自称することとしたい。

結論を先に言うならば、失われる自然、生命への哀悼と、これをいかにして守るか、ということに対して、水みちの再生という視点を示して繋がりをつくりなおす術、硬く言えば、循環系の再構築を語りたいと思う。本論の構成として、環境生態学を生存のためのエコロジーとして学生に教えてきたという話から始めたい。次に、水みちを保全するための市民活動について触れて、水みちとは何か、その意味するところを示したい。そして、そうした中から水みちのスピリチュアリティに関わる気づきの考察を行い、最後に、分断された水みちを繋ぎなおすためにどうするか、社会と自らの展望を描くこととする。

一　生存のためのエコロジー

建築や都市、地域など、身の回りの環境を語る際に、今日ではエコロジー（生態学）は避けて通れない。建築生態学、都市生態学、地域生態学と分けて見ていくこともできるが、これを環境生態学として包括的に見ていくこととする。日本で生態学が一般的に知られるようになったのは、一九六〇年代後半にE・Pオダムの「オダム生態学」[1]やレイチェル・カーソンの「サイレント・スプリング」[2]が紹介されてからのことと言える。当時は大気も川も汚染が極まり、公害問題が大きな課題となっていた。日本は、戦後復興から高度成長へと進み、経済大国にのし上がり、バブルに浮かれる一方で、社会のひずみは大きくなっていった。七〇年安保や学園紛争などの社会現象はベトナム戦争の影響もあって同時進行で世界中に見られた現象であった。そんな時代に大学生となった私は第一次エコロジーブームの洗礼を受けた。カーソン女史の訴えた農薬問題の深淵は、サリドマイドなどの薬害やベトナム戦争の枯葉作戦による人体被害などにも繋がる警鐘として知られることとなった。ベトナム戦争はまた、第三次世界大戦と全面核戦争の恐怖を世界に植え付けた。オダム生態学には、代表的な公害だけにとどまらず放射性物質汚染についても既に記されていた。後に、東日本大震災に伴う福島第一原子力発電所の原子炉事故により、私自身、東京に住んで居ながらにして核の恐怖を実感することとなった。オダム生態学を読み返してみると、そこには当時の日本政府の見解やマスコミ報道でわからないとされていたことが当たり前に起きる事実として記されていた。東日本大地震の津波のような大災害、福島原発事故のような取り返しのつかない人災、これらは人が生きるということ、自然とともに生きるとは何かを改めて問いかけるものだった。

生態学とはどのような学問か。それは、人間がヒト科ヒトとして生きものたちの一つの種として生きていることを教えてくれる。種であって主ではない。現生人類のホモサピエンスは、確かに優れた資質を持ってここまで繁栄を築いてきた。しかし、その過程では多くの苦難があり、同種内での苛烈なサバイバルとしての戦争を繰り返してきた。今日に至ってもその本能にも近い行動様式は変わらない。常に同種内のサバイバル関係の中で生きており、一方で、自然との闘いも不可避的に日常的なことである。こうした状況に拍車をかけてストレスを高めているのが地球環境問題である。核戦争による破滅を避けられたとしても、地球温暖化は人類破滅シナリオを描いている。危機は現実に着々と崩壊点に向かって進んでいる。破壊の仕組みは建築構造実験の破壊試験などで端的に見て取れる。圧縮でも曲げでも、荷重を増やしていくと、ある時点まではひずみを生じながらも耐えることができるが、次にほんのわずかな荷重が加わった途端に一気に崩壊するのである。地震の発生原因の一つであるプレート理論も地殻レベルで同じひずみが起きている現象であり、ひずみは測定できても崩壊時点を正確に予想することは難しい。社会的な現象について物理現象と同様に捉えることは必ずしもできないが、ストレスが高まっていった時にどこかで限界に達して崩壊現象が起きることは近似の現象といってよいだろう。スピリチュアルケアを必要とするような状況も、そうしたストレスが高まってこれを緩和すべき状況、若しくは生き残る希求の中で起きてきていると思われる。

サバイバルはヒトの世界に限ったことではないが、ヒト科ヒトがこれまでどのように生存してきたのか、これが大学で教えている環境生態学のテーマである。生態学は世界の全体像とその個々の関係性を扱う科学であり、膨大な内容があって、当然のことながら生態系について完璧に読み解かれているわけではない。極めて不完全な学問体系であり、まだ群盲象を撫でる状況と言ってよく、観察研究しているそばからどんどん状況が変わっていってしまうという厄介な対象でもある。だからと言って、わかっていることの一部分だけを伝えても生態学の意味は伝わらない。あくまでも世界の全体の関係性こそが大事なのであり、ディテールの分析よりは、全体の統合を重視することとなる。

ヒトはどのようにして生き残ってきたのか。それは、一〇万年前に出アフリカの旅を始めた時に遡ることが解ってきた[3]。それがどのように解き明かされてきたのか。科学研究の成果により、遺伝子解析が進んだことと、グリーンランドや南極大陸における氷床コアの解析が進んだことにより古気象が詳細に解明された[4]ことが大きい。ヒトの遺伝子解析により、現生人類の足跡が明らかになり、古気象との関係で歴史解釈も塗り替えられた。現生人類のルーツはミトコンドリアイブと呼ばれる一人の母親遺伝子に行きついたのである。奇跡の遺伝子と呼ばれることもあるが、実態は唯一のルーツというわけではなくもう少し複雑である。とはいえ、その末裔が世界中に広まっていることと、現実の世界の民族抗争や宗教戦争の様相は哀しいまでのかい離がある。残念ながら歴史として残されているストーリーには多くの虐殺や殲滅を伴う抗争があり、繁栄は一時の夢のようにも見える。生態学的に見れば同種内の競争淘汰ということになるが、もう一つ「すみわけ」という方法をうまく用いてきた経緯もある。「すみわけ」は生態学の学術用語であり、日本でできた用語である。[5]サバイバルの視点は、いかにすみわけてきたかという知恵を探ることでもある。生態学は何の役に立つのか？　そう疑問に思われていることも多いが、実はヒトが人として生きていくために役立つ多くの知恵を提供してくれる。それは人類の叡智と言ってもよいものであり、個人にとっては人生の標となり未来をも見据えることができる。

大学における生態学の講義は、「生存のためのエコロジー」としている。対象は建築学科の学生であり、建築の原点から始まって、今日のエコハウスのつくり方、エコロジカルなまちづくり、国土保全、環境倫理、思想、宗教などに言及し、最後はスペースコロニーの設計演習で終える。粗々ではあるが、何とか環境の全体像を伝えたいと思っている。スペースコロニーの設計は唐突のようだが、米国の大学では既に教えているし、日本のゼネコンでも研究を進めている。何故スペースコロニーかというと、宇宙では重力、土、空気、水、光、緑、など、地球では当たり前に「ある」と思っているものを全てつくり出さなければいけない状況にあり、それがいかに大変なことか、逆説的に地球がかけがえのない人類の生きる環境であることを学ぶことができるからである。ひと繋がりの地球環境と、その中で暮らす運命共同体の世界の人々と生きもの。それが現実なのであるが、上手にすみわけることはまだ遠い夢かもしれない。ただ、情報化社会が急激に進む中で、夢と思われていたことがある時点で一気に溶け合う可能性もある。破壊の仕組みと同様に、融合も一気に進むのである。スピリチュアルは融合に至る触媒であり、その熱を地道に高めていくこと、それが今できることではないだろうか。

二　水みちを探る

大学生活を送る中、時代は公害問題から環境問題へと様相を変えていった。環境庁が設立されたのは一九七一年のことである。地域ではトラブルが多発していたが、その多くはもはや公害問題の枠を超えていた。加害者と被害者の区別が明確でなくなり、問題解決に至る方策は複雑になった。私が地域の問題に関わるようになったのは一九七四年以降であり、東京西郊の小さな川である野川における湧水保全の市民活動に参加したことが契機であった。野川は東京を代表する湧水群河川で、源泉の真姿の池湧水は環境庁が選んだ名水百選として東京の湧水で唯一選ばれた。毎年、春と秋に流域の湧水の代表地点を調査し、湧水量、水質、植生、社会状況を記録していった。一九七三年から始まった市民による湧水調査は一〇年継続され、その後、東京都が湧水調査を始めるようになった。当初確認された七二か所の湧水地点は、その一〇年の間に三分の一が消滅し、湧水量も減少の一途を辿った。湧

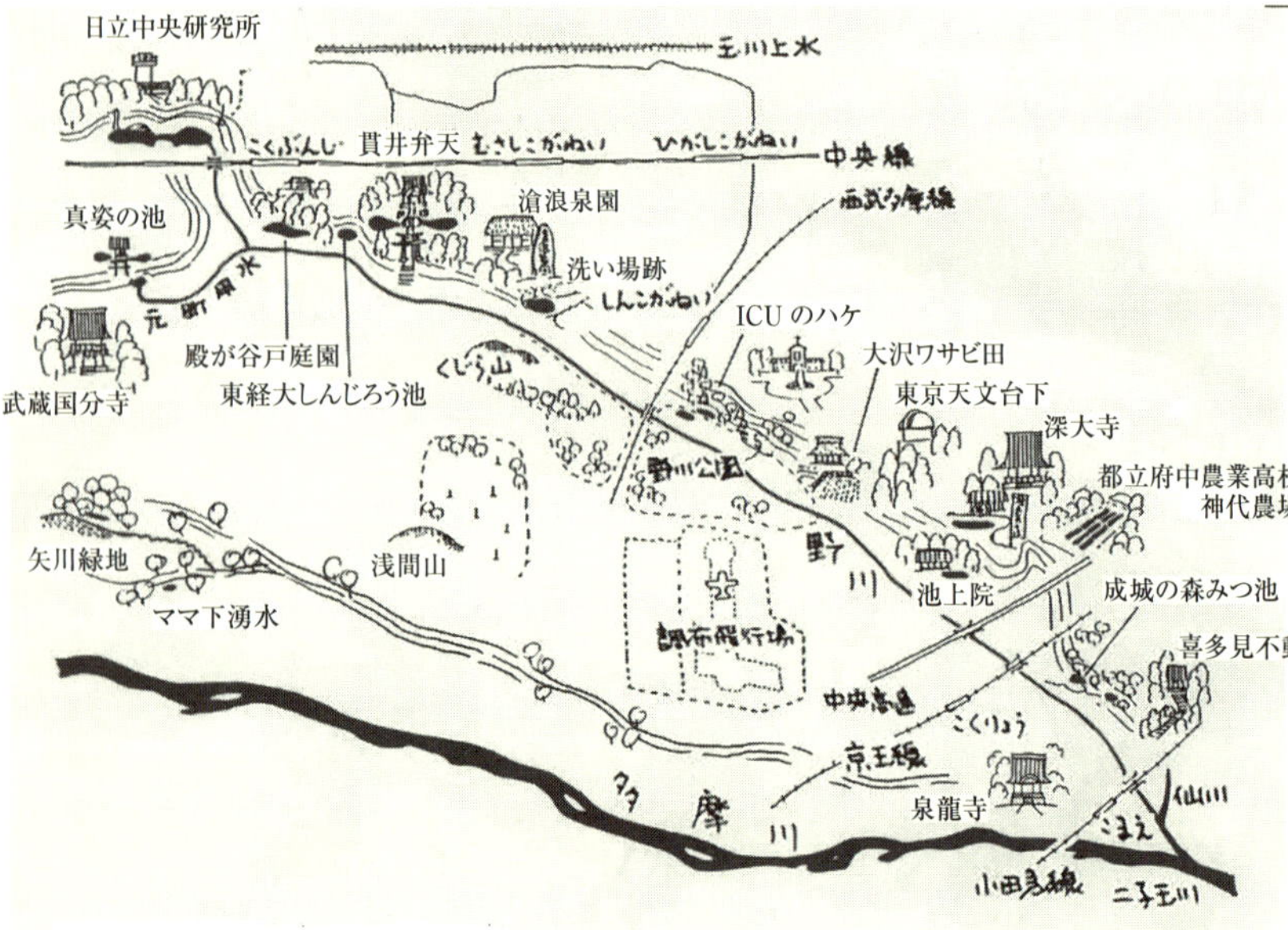

野川の湧水（筆者作図）

水は人が住む以前の古より場所を変えることなく湧出し続けてきた。野川流域には日本列島に初めてヒトの痕跡が記された三万年から四万年前の遺跡が残されている。その場所は湧水に依拠しており、その後縄文時代に至り近代水道が引かれる現代に至るまで、湧水は人々の生活の拠り所であり続けた。大きな湧水は早くから寺社地や農業用水として維持され、小さな湧水も全て大事に使われてきた。そうした貴重な湧水が開発によって次々に消滅していく様を目の前にして、湧水保全運動が必然的に起きてきた。私もそうした地域の運動にいくつも関わらざるを得ない状況が続いた。[6] その間の破壊、喪失に多くの愛惜の声を聞くとともに、声を出せない植物や生きものたちの生息域が追いやられていく状況に心が痛んだ。

「何とかならないものでしょうか」と住民の方に聞かれても、「目の前に建つマンションで湧水は枯れないのですか」と聞かれても、湧水が何故そこに湧くのか、学問的にはマクロな地下水研究はあっても、一つの小さな湧水を守るための研究はなされていなかった。建築土木工事にとって湧水は危険な邪魔者でしかなく、地域住民の意識とのかい離は大きかった。私は建築を設計する側の人間であり、そこでジレンマに陥った。同業者は敵として登場してくる。そうした経緯の中で大きな事件が起きた。洪水対策のための河川の地下分水路工事で地盤凝固剤汚染事故が発生し、井戸を用いていた住民に健康被害が起き、そのうちの一人が亡くなるという痛ましい事件となった。住民は国を相手取って裁判を起こしたが、立証責任は住民側にあるという理由で原告の敗訴になった。当然、地下水についての鑑定書論争になったが、国は学会の権威の鑑定書をもとに無関係と結論付けた。当時はまだ地下水は均一のものとしての仮定条件でしか研究されていなかった。しかし、井戸を長年使ってきた住民は経験に裏打ちされた地下水の流れを読み取る知恵を有していた。井戸に何か異変があれば、遠く離れた場所でもこれを辿って地下水の流れを承知していたのである。残念ながら、科学に裏打ちされていない経験は相手にされないのが今日の常識である。

裁判敗訴の後、私は湧水の先には「水みち」のようなものがあるのではないか、という仮説を立てて研究助成金を頂き、一九八八年から水みちの調査を始めた。手探りでヒアリングや井戸の水位調査、水質調査などを行い、次第に水みちの実体が見えてきた。見えない水みちであるが、水みちは確かにあるという確証を得た。[7] その後、調査範囲を野川流域全域と隣接する矢川流域を含めて「水みちマップ」[8]をつくり、一九九八年に『井戸と水みち』[9]の出版に至った。ちょうどその頃、農業工学研究所の

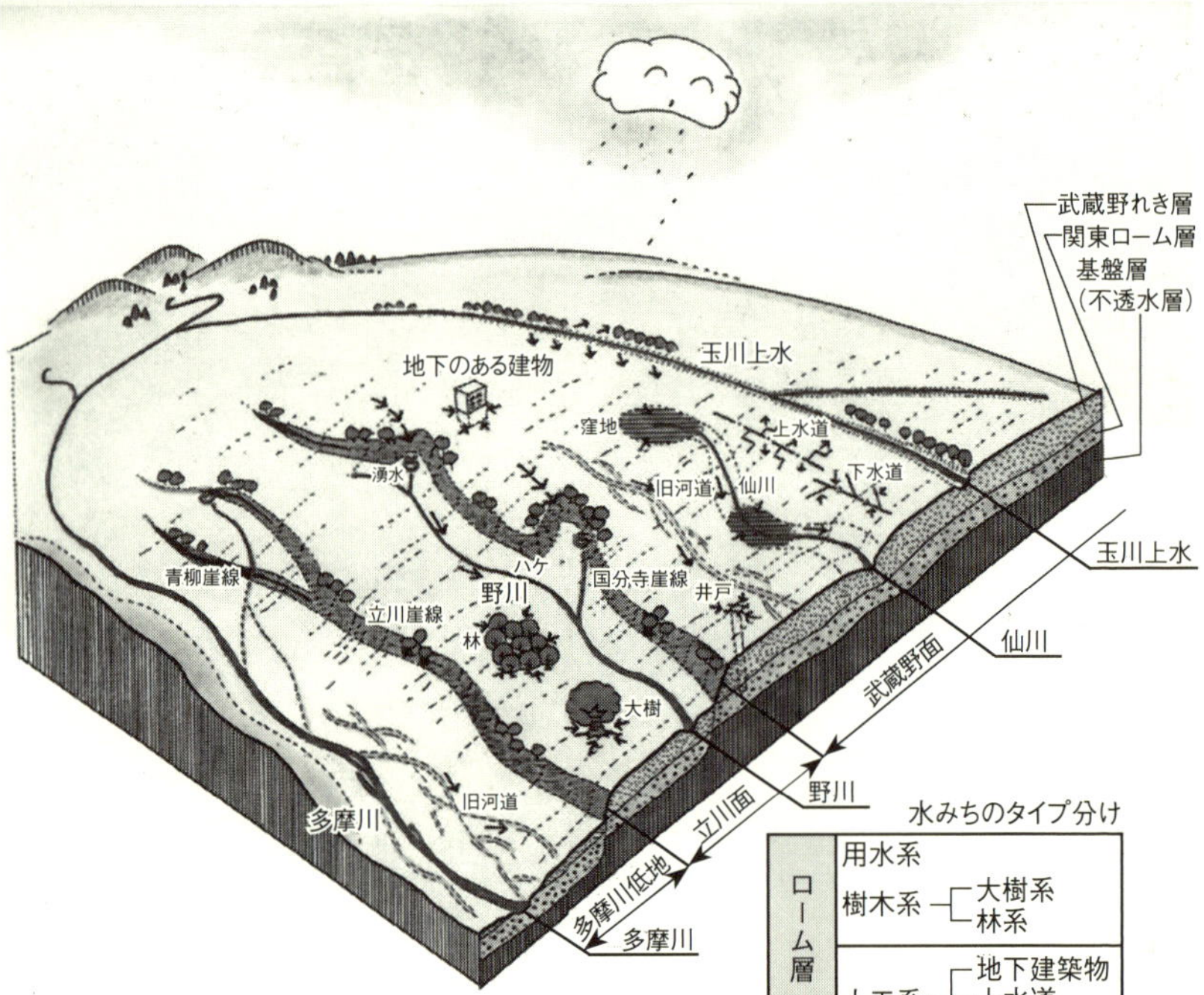

武蔵野台地の水みちモデル
（筆者作図、「井戸と水みち」より抜粋）

水みちのタイプ分け

ローム層	用水系	
	樹木系	大樹系
		林系
	人工系	地下建築物
		上水道
		下水道
れき層	伏流水系	
	井戸系	
	旧河道系	
	湧水系	

研究員だった小前隆美氏の「水みち流」の研究に出会った。時を同じくして水みち研究が進められていたことを知り、科学的な裏付けも得られた。住民の主張していた地下水の流れは実際にあったのである。「水みち」という言葉は現在普通に使われていて常識となっている。失われた命は戻らないが、時代の追いつかなかった科学的見地が今日では過ちを繰り返さない反省に繋がっている。

　前置きが長くなったが、水みちとは何か。それは、スピリチュアリティそのものであるかもしれない。狭義には、「浅層地下水の緩やかな流れの中で卓越した部分的な流れ」と言うことができる。かつては仮想均一として扱われていた浅層地下水にも、実際には複雑な流れがあり、現実不均一であることが解析できるようになってきたということである。それがどういう意味をもつかと言うと、井戸の当たりはずれや汚染地下水の流れ方などに関係してくる。もちろん湧水の先の地下水のルートにも関係する。水みちを把握することによって、地下工事などに際して慎重に適切な工法をとることが必要とされるようになってきた。とはいえ、見えない水みちの探査は今でも困難である。音波や振動、土壌水分など最新の技術を駆使しても確かな把握はできない。しかし、少なくとも人間の血脈のように、大地にも地下水の経絡があるということである。体内を循環する血液のように、地下水は大地の体内を流れて循環系の一部を成す。流れが滞れば体調は異変をきたし、流れが断たれれば命も絶える。水みちを阻害することは、どこか思わぬ場所に必ず影響を及ぼす。水みちは広義に解釈すれば、全ての水の流れる道筋と言うことができる。

かつて水みちという言葉は定義されることなく使われてきた。経験的な智と言ってよい。井戸掘り職人や井戸を使う人が把握していた見えない世界を見通す力は、単なる直感ではなく、様々な経験の積み重ねの上に引き継がれてきた生活の知恵である。畑で野菜をつくっている農家の方に、「水みちはどこにありますか」と聞くと、こともなげに「あそこの林からここを通ってこっちの川岸だよ」と答える。「何故わかるのですか」と聞くと、「そりゃあ、野菜だって水を好むものとそうでないものがあるから水気の多いところにはそういう野菜を植えるのさ」ということである。土地に生きるということは、そうした自然との関わり、読み取りなくしてはやっていけないということである。科学的に解明されていなくても、分かるものは解るということである。養鶏をしている農家の方から「空にも水みちがある」と聞いた。天気も読んでいるのである。残念ながら、都会で生まれ育った私はそうした生きる知恵があることに驚きを覚えるしかなかった。多くの都会人が失ってしまったスピリチュアリティかもしれない。

三　風水土の読み取りと文化

水みちは、経験的な知恵が科学的に裏打ちされた例と言えるかもしれないが、まだ科学的に解明されていない現象や真実も多くある。水みちの関連で言うと、ダウジング[10]がある。昔の建築現場や水道関係の現場では、分からない埋設配管を探す方法としてダウジングを用いていた。具体的には直角に曲げた針金を2本手に持って歩いていくと二本の針金が開くなどして反応するのでそこを掘るのである。理由はわからないがこれで実際に見つけられるのである。昔の現場では常識で、私も先輩から教わってやったことがある。現在では、私の場合、毎年パーマカルチャー[11]のレクチャーの際にフィールドワークの余興として水みち探しを行っている。毎回参加者は変わっても、ほぼ同じ場所で皆反応する。自分では絶対に動かしていないにもかかわらず、外界からの何らかの力に反応するのである。その時、未知の自分の感覚に目覚めるのである。地形や地質、植生等から、多分こうだろうという特異点の推測はつくのだが実証は難しい。ドイツでパーマカルチャリストのデクレアン・ケネディ氏[12]に会った時に、森で試しに水みちが分かるかどうかを聞いてみたところ、当たり前のように「ここから向こうだ、それは木の幹の分かれ方でわかる、その理由はこうだ」と答えてくれた。ちなみに、建物の基礎をつくる際に水みちを遮断しないようにその部分を空けてつくるとのこと。[13] 日本は遅れている、と思ったものだが、それ以前にどこの国にも環境の読み取りの術があるということが当然のこととはいえ新鮮な発見であった。

ヒトは五感以外の能力をもともと持っていて、それが次第に退化してきている面と脳の働きのように進化してきている面があると思われる。ダウジングが非科学的な迷信かどうかなどと議論する以前に、全ての人間の感性を研ぎ澄まして環境と向き合い、自然の息吹を読み取ることが大事だと思われる。エコハウスの設計をしていると、アトピー、アレルギーに悩む人によく出会った。アトピーフリー住宅をつくることで治ってくれた時にはほっとしたものだが、化学物質過敏症ともなると簡単ではなく、わずかな化学物質にも反応する。電磁波過敏症という人もいて、離れた部屋でスイッチをつけても感知する。過敏な状態は天性もしくは努力によっても現出する。聖徳太子は一〇人の話を同時に聞くことができたという。迷信や宗教と思われているようなことの中にも学ぶべきことは多くある。奇跡や秘跡など、宗教や神話の世界にはたくさんの信じがたいことが言い伝えられている。弘法大師は全国各地に井戸伝説を遺しており、杖を突きたてたところから泉が湧いたというものである。これは、弘法大師が優れた総合的な土地条件を読み取る知識を有していたと見るべき話であり、井処（地下水の得られる場所）を神聖化して守っていこうという意味でもあると思われる。井戸を掘る際にどのように水の出る場所を探すか、鳥の羽を置いて桶をかぶせ、一晩おいて羽根がびっしょり濡れていればそこを掘れという言い伝えがある。現在では土壌水分計を用いた調査がこれにあたるので、根拠のなさそうな伝承であっても科学的な方法に近いと言える。

雨乞いにも多くの伝承、伝説がある。弘法大師空海は雨乞いでも有名で京都の神泉苑での守敏《しゅびん》との祈祷対決で名を上げている。静御前もデビューは神泉苑での雨乞いの舞であった。九九人の白拍子が舞ったが効果なく一〇〇人目の静の舞で雨を降らせたという。雨乞いにたき火や鉦、太鼓、歌舞音曲はつきものであった。それは舞台装置のように見えていて実は、熱や煙、上昇気流、音波振動といったような物理的な要素も持ち合わせていた。現代の人工降雨技術も基本は同じである。雨粒の核をつくり雨滴にまで凝結させるにはちょっとしたきっかけが必要であり、そこに火や音がトリガーとして働く。こう言ってしまうと面白くも何ともない。科学的な説明でしか理解できなくなっている現代人の感覚がむしろ問題であり、文化として受け継がれてきた伝説を大事に受け止めるべきと思う。

四　エコロジカルマインド

日本では幸いなことに、神社や寺院にそうした生活の知恵としての伝承が文化として受け継がれ、根付いている。水神に姿はないが、水の化身としての龍神は十二支の一つとして確固たる位置を占め、水のイメージを喚起させる役割を担っている。臥龍、青龍、天龍は、それぞれ地水、流水、天水を表す。その龍は姿を変えつつも一つのものであり、今日で言うところの水循環を意味している。水循環を科学的に勉強せずとも、日本人であれば龍神の意味するところは誰でも知っている。その方が分かりやすいのであり、それが共有できるスピリチュアリティとなっている。しかし、宗教的なにおいのするものは科学信仰の時代には排除される対象となる。私自身は無宗教であるが、家には神棚もあり宗教という意識はなくとも現実的には神道ということになる。仏教学者の、ひろさちや氏は、こうした日本人の多くに見られる状況を「やまと教」と呼んでいる[14]。年末にはクリスマスを祝ってお正月の初詣に行き、お彼岸にはお寺のお墓参りに行く。「やまと教」と言われれば私もそうなのである。神道はもとをただせば原始信仰で自然崇拝に辿り着く。自然の大いなる力に畏怖し、恵みに感謝することは宗教以前の自然の中でヒトが生きるということの素朴なスピリチュアルの本性とも言える。

では、日本人が付き合ってきた自然と関わるスピリチュアリティはどのように育まれてきたのか。それは、風土論として語られてきた話に重なるが、ここでは風土だけではなく、水土、風水と合わせて風水土として地勢学的に捉えていきたい。日本列島の地理地形は極めて多様性に富んでいる。南北に長く寒暖の地域差が大きく、脊梁山脈をはさんで東西に分かれて乾湿の差が大きい。人の住める場所は小さな単位で細切れになっていて、そこに住んでいる人の遺伝子も他の国では見られないほど多様であるという。大陸では絶えてしまった遺伝子も多く遺っており、南と北と西からの民族の寄り集まり、若しくは吹き溜まりであり、日本人は単一民族というよりは混血民族と言える。結果的に小さな地域ごとに折り合いをつけながら共存、共生する道を選んだということになる。生態学的な「なわばり」のすみわけだけでなく、重層的なすみわけを行いつつ生き延びてきたと見られる。

その小さな単位とは水系単位と見ることができる。それは単なる表流水系の流域ではなく、地下水や雨も含めた水系であり、その繋がりが水みちである。現在の地域計画や国土計画は表面的な流域至上主義に陥っている懸念もあるが、水循環の視点から総合的に見ていく必要がある。断ち切られた繋がり、見えない繋がり、これをどう回復していくか。そこでは伝統的に培われた叡智である総合化された文化を見直していく必要がある。地球環境時代の今日、ようやくヒトの歩んできた道と自然に向き合う心を振り返ることができるようになってきたのではないかと思う。これを今日的な言葉で言えば、「エコロジカルマインド」ということになる。大学の環境生態学で教えてきたことも、いかにしてエコロジカルマインドを身につけるか、ということであった。

混沌とした現代を生きる人々、特に若い世代には多くの不安と迷いがある。中には危ない宗教に染まってしまうケースもある。エコロジーにも危ない面があり、環境のためといって怪しげな商品を買わされてしまうケースがある。宗教とエコロジーには共通性があり、共に世界の全体像を扱っていて、終末的な世界観も近似している。危ないかどうかは関わり方の問題であり、バラバラに切り裂かれた今の時代に、全体性や統合性、繋がり、絆を求めるのは当然の成り行きと言える。環境のリスクは確実に高まってきており、競争、淘汰も激しくなってきている。相変わらず経済最優先の世界の中で、エコノミーとエコロジーの対立が深まっている。そこに生きる人間として、エゴとエコの葛藤がある。学生がエコロジカルマインドを学んで社会に出たとしても、実社会は激しい経済競争社会で企業エゴのぶつかり合いがある。それが生きることであるとしても、そこでどう浮世に流されつつも安住の島に泳ぎ着けるのか。安住の場とは、生きものとしての棲み家であり、家を手に入れること、安心して住める環境の良い場所を占めることができるかということになる。

五　建築、都市、地域の繋がりをつくる

意図して何かをすることは、そこに何らかの意味を持たせることになる。これが建築におけるスピリチュアルの始まりとなる。石ころ一つ、たまたま蹴飛ばして転がったものと、手に取ってどこかに意図して置いたものでは、同じ石ころであっても意味が異なる。その石の傍らにもう一つ石ころを置くならば、その意味はもっと明確になってくる。三つになればさらに強い意思を持つことになる。建築ともなれば、すべからくその意思は強固なものになる。

建築の文化というと、歴史的な建築物において覇権や繁栄、宗教的権威などの表象として形態、意匠、空間性が語られることが多い。近代以降になると機能性、経済性という側面が突出してくるが、それでも建築のもつ意味性が失われるわけではなく、むしろ明らかな意図が背後に隠れて知らずして支配される状況が起きている。寺社仏閣やカテドラルなどのように目的が明らかで表現の意図しているところが読み取りやすいのは、そこに意味をもった一つのスピリチュアルな世界がつくり出され、それに浸ることができるからである。大きな聖堂空間ときらびやかな装飾、音の響き、光の広がり、全てが一体的に演出されている。一方で、今日の建築は極めてハイテク、ハイブリッドである。形や素材、色彩、技術も多岐にわたって、用途も多様かつ複合化している。アノニマスな建築や初期の近代建築にはシンプルな美しさと安らぎがあるが、現代の建築は意図していることのステルス性が高く、スピリチュアルなものは極力消去されている。建築自体が巧妙にマーケッティングされ、その結果として、

デザインを評価すること自体が難しくなっている。

現代の都市民は極めて複雑な建築空間の中で意識せずにコントロールされて生活しているが、住んでいるのは相変わらずヒト科ヒトの生きものである。生態学的に言えば、「建築はヒトの巣であり都市はヒトのコロニーである」。複雑化した建築空間とその集積としての迷宮化した都市空間の中で、ヒトと人間とのかい離が発生してストレスが集積されている。自分がつくった巣というよりはヤドカリのように何とか体に合いそうな殻を探して潜り込んでいるか、穴だらけの崖の入り込めそうな洞窟に潜んでいることが多い。体に合わない部分はストレスとなり、シックハウスのようにつくる側の都合によって住む側が体調に異変をきたすこともある。そこにエコロジーハウスが求められる理由がある。

エコロジーハウスの魁は、バックミンスター・フラーの宇宙船地球号[15]（一九六三年）、パオロ・ソレリのアーコサンティ[16]（一九七〇年）などに見て取れる。宇宙を意識し始めた時代であり、地球環境を生態学的に客観的に捉えることにより、ヒトのハビタットを見つめなおすようになってきた。国連の人間居住会議が開かれ、初めてハビタットが議論されたのは一九七六年のことだった。その後、一九九二年にリオデジャネイロで開かれた地球環境サミットに至り、サステイナブルデベロップメント（持続可能な開発）という概念を世界が共有し、サステイナブルな建築、都市を目指しているのが今日の状況と言える。しかし、現実はまだ二〇世紀型の近代建築づくりから脱皮できていない。舵を切ろうにも巨大タンカーの惰性のようにすぐに方向転換には至らないのである。真に地球環境を取り戻すエコロジーハウスを目指すのならば、サステイナブル号というタンカーではなく、石油を必要としない小さな船に乗り換えた方が早い。一つ一つ小さなハビタットから根本的に自然との関わり方を変えていく、その実践に取り組んでいかなければならない。

六　水みちを繋ぐ雨水建築

近代の分離、分割思考はますます進んで細分化が極まっている。近代の初期にチャップリンが演じたモダンタイムスの世界の苦悩は現実のものとなって今もその呪縛から抜け出せていない。ところが二一世紀型の情報社会の進展は、ものづくりの方法を大きく変えつつあり、小さな歯車の一つとして細切れになったユーザーの意思がビッグデータ[17]となって逆に力を持ち得るようになってきている。世界の意思は思いがけない形で繋がり始めているのである。一人一人のこうしたいと思う気持ちが大きなスピリチュアリティとなり得る。

既にいろいろな萌芽が始まっているが、建築の世界でも小さな取り組みが大きな変化に繋がり始めている。その一つが雨水への取り組みである。建築の原点は雨との関わりであり風雨をしのぐだけでなく、屋根雨水を集めて飲料水にもしていたのである。日本でも離島では今も昔ながらの雨水頼りのところが残っている。離島という小さなコロニーでも、ヒトの生存に必要な最低限のものは揃っており、スペースコロニーのように重力や空気、光の心配には及ばないが、水だけはそうはいかない。安定したハビタットの根幹は水であり、清流、湧水、地下水が得られなければ雨を貯めるしかない。それは古今東西、現代の日本であっても全く同じなのだが、近代的なインフラシステムとしてのダムと水道によって命の源の水を自ら得ることの意識が欠落してしまっている。大災害にあった時に一番困るのが水であるということで辛うじて思い出すことになる。蛇口をひねれば水が出るという至極便利な近代インフラであるが、これも近い将来まで維持できる見通しが立たなくなってきている。忍び寄る破綻の前に雨水建築は希望の灯となり得る。

日本建築学会の中で雨に取り組んできた委員会がある。ここ二〇年来継続してきた中で、二〇〇〇年に『雨の建築学』、二〇〇五年に『雨の建築術』、二〇一一年に『雨の建築道』という本を出版してきた。二〇一一年には同時に日本建築学会環境規準『雨水活用建築ガイドライン』を出版し、現在その続編の『雨水活用建築技術規準』を作成中である。[18]「雨水建築」とは、建築をつくっても雨の循環系を変えない、つくる前と等価にするというポリシーを示している。「雨水活用」とは、雨水利用のRainwater Utilizationに対して、欧米で使われているRainwater Harvestingに対応する言葉として充てたものである。

もともと雨水への取り組みは市民が先行してきたもので、雨水利用として小さなタンクをつけることが行われ、自治体も助成金制度を設けるなどして普及してきた経緯がある。特に墨田区では、市民が路地尊や天水尊と名付けた雨水タンクを設置して雨水まちづくりを行ってきた。国技館での雨水利用の取り組みも有名であり、現在では全国の公共施設の多くで取り組まれている。しかし、実態は限られた利用にとどまり、コスト面のメリットがわずかであることが普及の妨げとなってきた。実質的に環境意識の高い市民しか取り組めない状況にあったことと、既存の水道インフラとの関係で衛生面での過剰な水質基準がネックとなっていた。

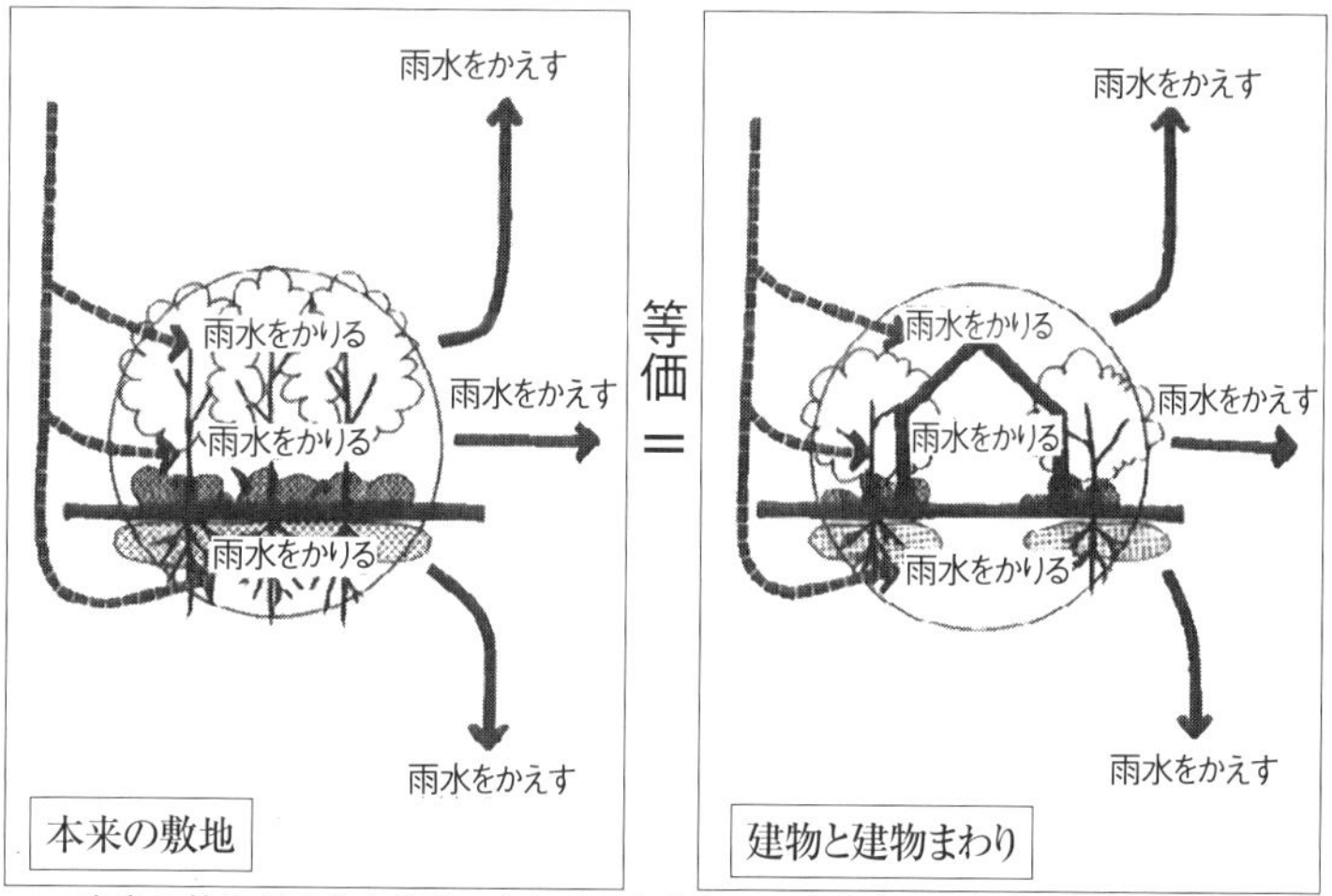

本来の敷地が雨水を受け、かりて、かえしていたように、建物もまた、受けた雨水をかりて、かえす必要がある

雨水建築（「雨の建築学」より抜粋）

そうした状況も昨年になってようやく変わり始めた。二〇一四年四月、「雨水の利用の推進に関する法律」（「雨水法」と略す）が「水循環基本法」とともに同時成立した。ともに議員立法であり、明治以来の近代法制の中で影も形もなかった全くの新法である。雨水法は水循環基本法の一端を担うことになり、水道法、下水道法、河川法、農業用水法、工業用水法など諸々水関係の全ての法律が水循環で束ねられることとなった。法ができたからといってすぐに大きな変革が起きると楽観することはできないが、時代が大きく動いたことは確かである。雨水法も、これまでの市民の小さな活動がようやく成果になったと評価することができる。

こうした状況の中、雨水建築は水循環を繋ぎなおす重要な役割を担うことになる。水循環の始まりは雨としよう。雨は最初にやってくる天の恵みであり、大地と屋根がこれを受け止める。

これを敷地の中で巧みに活かしデザインしてきたのが日本の建築文化でもあった。ところが現在は雨をできるだけ早く敷地から排除しようというつくり方になっている。雨は邪魔者、厄介者、なのだろうか。庭に池をつくる余裕などなく、木を植える場所もなく、庭と言えるほどの余地すらない、というのが都市住宅の現状、と言ってしまうと寂しい限りである。住まうということはどういうことなのか。タコツボ型のワンルームマンションばかりの都市と郊外や農山村とでは状況が違うとはいえ、雨は本来、皆に平等に降ってくる。日本列島自体が離島のようなものであり、命の水の降る場所は狭い国土である。確かには時として大きな災いももたらすが、嫌うばかりでなくもっと上手に付き合えるはずである。日本人にはそうしたスピリチュアリティがあったのではないか。

雨の詩はたくさんあるし、水に関わる詩はもっと多い。「あめ、あめ、ふれ、ふれ、かあさんが、じゃのめでおむかえ、うれしいな、ピッチピッチ、チャップチャップ、ランランラン」。雨が降ると生きものたちが活気づく、子供も敏感に反応する。「ほ、ほ、ほたるこい、こっちのみずはあまいぞ、あっちのみずはにがいぞ、ほ、ほ、ほたるこい」。水の味が場所によって異なることを、知っているのが当たり前だった。日本人の感性は豊かだった。「雨降って地固まる」という諺がある。ハワイには、No Rain No Rainbowという諺がある。雨は両面性を持っていることを理解した上で上手に付き合ってきた、それがヒトのサバイバルの知恵なのではないか。

雨をエゴイスティックに一方的に搾取したり排除するのではなく、雨は天下の回りものとして、雨を「かりる」「かえす」それによって雨水循環を「つくる」。これが『雨の建築学』で提唱した「雨水建築」の定義である。個々の家にとって、雨は湧水点であり、雨を受け止めて一時敷地に留めて、ゆっくり流す。時間をかけて地下に水を返し、緑を潤し、生きものを育み、大気に還す。雨水タンクだけでなく、屋上緑化や壁面緑化、雨池や雨庭も皆、雨水活用建築の要素技術である。降り始めの雨は大気の汚れを拾って水質が悪いがすぐにきれいな水質となる。酸性雨などと嫌わずに、大気汚染を清掃してくれていると思わないといけない。逆に汚れた初期雨水以外はほとんど純水に近い水質となる。雨水をトイレに使うのはもったいないくらいである。沈殿濾過が働くような適切な雨水貯留システムを設ければ多くの用途に用いることができ、洗浄力が高いことから洗濯には最適で、風呂にもよい。雨との関わりをつくることは、自然、生きものとの接点を増やすことになり、閉じ籠り症候群から循環系の中のヒトへと回帰することに繋がる。ベランダビオトープでも小さな生態系は出来上がる。見えない水みちを繋ぐことは、ささやかなスピリチュアルな取り組みから始めることができる。小さな自然であってもエコロジカルマインドは育つのである。

おわりに

ここまで、水みちという視点を通してエコロジカルなスピリチュアリティを探ってきた。私はこれまで環境倫理については取り組んできたと思うが、スピリチュアリティとして突き詰めて考えたことはなかった。エコロジカルマインドは、ヒトが生存のためのエコロジーに向き合う思考態度や心構えといったものだが、それはヒト同士の関わりだけでなく、共に生きる生きものたちとの関わりから多くのことを学ぶという意味がある。本論を書く機会を得て、そこには生存をめぐる様々な悲哀や歓喜があり、それが他の生きものたちも含めたエコロジカルなスピリチュアリティに繋がるということに気付かされた。

スピリチュアルな世界も何らかの物質的実体を伴わないと成り立たない。大地という肉体に水循環という血脈が滞ることなく流れることは地球が生きることに繋がる。「建築は第三の皮膚」とも言われる。衣食住は生活の根幹であり、風水土はヒトの生きる環境であり、建築の役割は小さくない。水みちはヒトの体の中も、建築の体内も、大地や大気の中も流れて繋いでいる。見えない水みちは風水土のスピリチュアリティなのかもしれない。水みちを辿ることで少しでも混沌の世界のスピリチュアリティを繋ぐ手掛かりとしたい。

1 E・Pオダム『オダム生態学』水野寿彦訳、築地書館、一九六七年。
2 レイチェル・カーソン〝Silent Spring〟邦訳『生と死の妙薬』青樹簗一訳、新潮社、一九六四年。
3 スティーブン・オッペンハイマー『人類の足跡10万年全史』仲村明子訳、草思社、二〇〇七年。
4 ブライアン・フェイガン『歴史を変えた気候大変動』東郷えりか・桃井緑美子訳、河出書房新社、二〇〇一年。
5 梅棹忠夫・吉良竜夫編『生態学入門』講談社学術文庫、一九七六年。
6 本谷勲編『都市に泉を』NHKブックス、一九八七年。
7 水収支研究グループ編『地下水資源・環境論』共立出版。一九九三年。
8 水みち研究会編『水みちを探る』けやき出版、一九九二年。
9 水みち研究会編『井戸と水みち』北斗出版、一九九八年。

10　ダウジング：地下水脈に限らず、地下の埋設物や鉱脈などを探す方法としてドイツなど西欧で行われてきた。
11　パーマカルチャー：オーストラリアのビル・モリソンが世界の農業ノーハウを集めて考案した永続的な農法でパーマネント・アグリカルチャーからつくられた造語。
12　デクレアン・ケネディ：グローバルエコビレッジネットワーク元代表、エコマネーで知られる建築家マルグリット・ケネディ氏の夫。
13　日本建築学会編「水みちに適した植栽をする」『雨の建築学』北斗出版、二〇〇〇年、一八二頁。
14　ひろさちや『やまと教』新潮選書、二〇〇八年。
15　バックミンスター・フラー：アメリカの建築家、思想家、ジオデシックドームやダイマクション地図などを発明、著作の中で『宇宙船地球号』などの言葉を広めた。
16　パオロ・ソレリ：アメリカの建築家、アーキテクチャーとエコロジーを合わせたアーコロジーの概念を提唱し、アーコサンティなど実際のプロジェクトを建設している。
17　ビッグデータ：巨大で複雑なデータの集合体、一つ一つは無価値のような小さなデータも膨大な数を集めて解析すると意味のある情報となる。
18　日本建築学会編『雨の建築術』二〇〇五年、『雨の建築道』二〇一一年、ともに技報堂出版。

第二部　環境の位相とグラデーション

宇宙環境とスピリチュアリティ

磯部洋明

一　長島愛生園の天文台

岡山県瀬戸内市邑久町にある長島愛生園は、昭和五年（一九三〇年）に設立された国立第一号のハンセン病療養所である。この長島愛生園に、かつて天文台があった。

天文台建設には京都大学花山（かざん又はかさん）天文台の初代台長である山本一清が深く関わっている。花山天文台は長島愛生園とほぼ同時期の昭和四年に設立された日本で二番目に古い天文台で、山本は学問がまだ限られたエリートたちのものであった当時から天文学の市民への普及へ尽力し、多くの一般向け著書を書いたほか、天文同好会（現東亜天文学会）を創設してアマチュア天文家の育成にも努めた。その山本が愛生園で慰問講演したことがきっかけとなり、戦後間もない昭和二四年に口径五インチの反射望遠鏡を持つ長島天文台が同園内に設立され、入園者たちが星食や太陽黒点の観測に取り組んだ。山本が残した資料には、当時の愛生園園長や職員、観測指導を行った倉敷天文台の本田実らと天文台の設計図や進捗状況などのやりとりを記した、当時の関係者の熱意がうかがい知れる手紙が多くある。その中に、自らもハンセン病患者の入園者であり、長島天文台の初期の観測を主に担った依田照彦氏が天文台の完成前に山本へ送った手紙がある。以下はその抜粋である。

「私は兼てより星座や天文に趣味を持ち、先般先生が御寄贈下さった望遠鏡が設置せられたら、是非その方の係りにさせて戴こうと思っておりました。

そして自来、夜空の星座を仰いだり、天文書を読んでひそかにその日の準備を致しておりました。

（中略）

私は昭和六年高工機械化卒業後東京目黒の海軍技術研究所に奉職致し、光学兵器研究室で山田幸五郎先生の下で、レンズの設計をしばらくやったことがあります。その頃より望遠鏡に非常な魅力を感じそれを通して観る星空に大きなあこがれを抱いて来ました。しかし今日までその希望を叶える機会もなく打過ました。愛生学園にいた時は（注：依田氏は園内の学校の教師も勤めていたようである）毎年夏期講習として、星座や星の話をプリントしては児童達と一緒に星の世界を眺めて楽しく宵を過ごしたこともあります。

先生御寄贈の反射望遠鏡はただ今本館屋上にありまして私共はまだのぞくわけには参りません。

しかし光ヶ丘鐘楼の南側に天文台敷地も出来、近日基礎工事にかかる由伺っているので、私共が観得るのも近いことだと楽しみにして待っています。

（中略）

今後私はこの島に一生を終わる運命にあり、生をかけてこのことをやりたい念願です。

（中略）

今後同好の士を募り、この方面の趣味を開拓して園内の一般者にも自然科学に対する興味と関心を昂め、少しでもうるほひのある生活が出来ますれば望外の幸せと存じています。斯かる事は、国を賭しての今日の戦の下で、どうかと思われますが、私共にとっては、無為徒食に堕することなく、何か為すことが、せめてものみ国へのご奉公と信じます」

この手紙の全文は、天文台竣工時の写真などと共に山本の資料を紹介した報告会の集録[1]に記載されている。文中からも察することができるように、天文台建設に向けた関係者のやりとりは戦時中の昭和一七年頃に交わされていた。その後恐らくは戦局の悪化と戦後の混乱を受けて建設はなかなか進まなかったようであるが、『長島愛生園開園20周年誌』（昭和二五年）によると戦後の昭和二四年六月一一日にようやく竣工している。完成後は倉敷天文台の本田実氏が愛生園に通って天文観測の指導を行っていたようである。

周知のようにハンセン病はかつて「らい病」と呼ばれた感染症で、有効な治療薬が確立するまでは不治の病と考えられていたこと、病気が進むと皮膚がただれるなどして容姿が変わってしまうこと、遺伝病という誤解があったことなどから､患者本人のみならず家族までが激しい差別の対象となった。患者は法律によって各地の療養所へ強制的に隔離され、その多くが家族とのつながりも断って一生を所内から出ることなく終えることを余儀なくされた。一九四〇年代には有効な治療薬が確立されたにも関わらずその後も差別と隔離政策は続き、国の隔離政策を定めた「らい予防法」が廃止されたのはようやく一九九六年のことであった。

美しい夜空を眺めてひとときの安らぎを感じたことのある人は多いだろう。周囲を海に囲まれた瀬戸内の島の療養所から出ることなく一生を終えることを覚悟した入園者たちにとってはなおのこと、地球上のどこからでも同じように開いている天に望遠鏡を向けるひとときは、地上の理不尽を忘れさせてくれる時だったのだろうと想像する。その想像は、その研究は一体人類社会にどう役立つのかという問いに答えなければならない筆者のような天文学者をも勇気づけてくれる。

だが、この宇宙の姿を明らかにしようとする科学の営みは、必ずしも人間精神を慰めてきたわけではなかった。

そもそも近代科学が発達する前から、人は宇宙を見上げて様々な宇宙観＝コスモロジーを作り出してきた。それはこの世界におけるわたしたち――これはある特定の民族であったり、人類全体であったり、地球上の生命全体であったりするのだが――の存在に関する物語をつむぐ営みであり、現代の宇宙科学もその延長線上にあると言えるだろう。その意味でどのような宇宙観を持つかということは人間のスピリチュアリティに対して大きな影響があるはずである。そして、人が地上から宇宙を眺めるだけでなく、宇宙環境へとその活動の場を拡げつつある今、宇宙と人間の関係は新たな局面に入りつつある。このことが人間のスピリチュアリティに何をもたらすのかを考察するのが、本章の目的である。

二　科学的宇宙観がもたらすもの

古代から人々は宇宙、即ちこの世界全体の成り立ちとその中における人間存在の位置づけに関心を持ち、神話的物語や哲学的思索、あるいは天体の運行を記述する数学的理論としてこの宇宙の姿を自らの理解可能な形で把握しようとしてきた。様々な文化が育んできた宇宙観の変遷を語ることは筆者の手に余る。ここでは伝統的・宗教的宇宙観から近代科学が生まれてきた過程の綿密な研究の積み重ねがある西洋と異なり、日本を含む東アジアにおいて伝統的宇宙観・世界観から現代の科学的宇宙観・世界観へどのように移行（あるいは混合?）してきたか、それが現代のその地域における人々の思想とどのように関わっているかという非常に興味深いテーマの研究の層がまだ薄いということだけを指摘しておきたい。

世界の多くの民族がこの宇宙の成り立ちに関する神話を持っているが、それにはこの混沌とした世界とそこに生きている自分の存在に対する一応の秩序だった説明と意義づけを与える役割があったと思われる。「宇宙」の意味で使われる言葉にコスモス（cosmos）があるが、これはギリシャ語で「調和」を意味する言葉から来ていて、その対義語がカオス（chaos）、即ち混沌である。そして宇宙の秩序と調和をもっとも明快に示しているように見える天体の運行を理解しようとする営みは、コペルニクス、ガリレオ、ケプラー、デカルト、ニュートンといった人々の手により、実験や観察から自然の振る舞いを表現する数学的な法則を見つけ出し、その法則を再び実験や観察で検証するという近代科学の手法が確立されてゆく原動力となった。

もっともこれらの近代科学を拓いた学者たちも、宇宙を理解しようという営みは神が記した自然という書物を読み解くことであるという認識を持っていた。しかし数学的な法則にのっとって進化するという機械論的宇宙観は、提唱者の意図はどうあれ、神、あるいは人間の意思や目的といったものをこの宇宙に見いだすことを困難にする。その宇宙観・世界観を受け入れがたいと感じる人が少なからずいることは想像がつくが、その代表的な人の一人が一七世紀の哲学者、ブレーズ・パスカルである。パスカル自身、数学や物理学で輝かしい成果を残した科学者でもあるが、彼の死後に書き残されていた断片的な文章を編集して出版された『パンセ』には、デカルトに代表される機械論的宇宙観に強く反発する断章がある。

私はデカルトを許せない。彼はその全哲学のなかで、できることなら神なしですませたいものだと、きっと思っただろう。しかし、彼は、世界を動きださせるために、神に一つ爪弾きをさせないわけにいかなかった。それからさきは、もう神に用がないのだ。[2]

科学者の提示する機械論的宇宙観とそれに対する反発という構造が、現代でもまだ見られることは、ノーベル物理学賞を受賞した宇宙物理学者のスティーブン・ワインバーグが一九七七年に一般向けの書籍に書いた「宇宙が理解できるように見えてくればくるほど、それはまた無意味なことに思えてくる」という言葉[3]が、今もしばしばある種の戸惑いや反感と共に引用されることからも分かる。ワインバーグ自身は「研究者の成果に慰めがないとしても、研究そのもののなかに少なくともある慰めがある」ということも書いてはいるのだが[3]、宇宙の姿を明らかにしようとする科学の営みが必ずしも人間を慰めてくれるわけではないことの例だということはできるだろう。

『パンセ』はパスカルがキリスト教護教論を書くための構想段階として断片的に書き綴っていたと考えられる短い断章を死後に編纂した書物である。『パンセ』を通読したことがある人はそれほど多くないかもしれないが、「人間は考える葦である」「クレオパトラの鼻がもう少し低かったなら」といった言葉は多くの人が一度は聞いたことがあるだろう。『パンセ』の個々の断章の意図は自明ではなく、書いてあることを文字通り著者の意見であると読むことは必ずしもできないのだが、[4] 宇宙と人間のスピリチュアリティの関係を考える上でぜひ触れておきたい断章がある。少々長いので一部だけ抜粋して引用する。

そこで人間は、全自然をその高く満ちみちた威容のうちに仰視し、その視線を自分をとりまく低いものから遠ざけるがいい。そして宇宙を照らすための永遠の燈火のように置かれているあの輝かしい光に目を注ぎ、この天体の描く広大な軌道にくらべては、この地球も一点のように見え、さらにこの広大な軌道それ自体といえども、天空をめぐるもろもろの天体がとりまいている軌道にくらべては、ごく微細な一尖端にすぎないということに驚くがいい。しかし、もしわれわれの視線がそこで止まるならば、われわれの想像力がさらに遠く進むがいい。自然が与えるのに疲れるより先に、想像がそれを頭に入れるのに疲れてしまうであろう。

（中略）

さて、人間は自分自身に立ち返り、存在しているものにくらべて、自分が何であるかを考えてみるがいい。そして自分を、この自然の辺鄙な片隅に迷い込んでいるもののようにみなし、彼がいま住んでいるこの小さな暗い牢獄、私は宇宙の意味で言っているのだが、そこから地球、もろもろの王国、もろもろの町、また自分自身をその正当な値において評価するのを学ぶがいい。

無限のなかにおいて、人間とはいったい何なのであろう。

しかし私は、人間に他の同じように驚くべき驚異を示そうと思うのであるが、それには彼がその知るかぎりのなかで最も微細なものを探求するがいい。一匹のだにが、その小さな身体のなかに、くらべようもないほどに更に小さな部分、すなわち関節のある足、その足のなかの血管、その血管のなかの血、その血のなかの液、その液のなかのしずく、そのしずくのなかの蒸気を彼に提出するがいい。そしてこれらのものをなおも分割していき、ついに彼がそれを考えることに力尽きてしまうがいい。（中略）彼はそのなかに無数の宇宙を見、そのおのおのがそれぞれの天空、遊星、地球を、目に見える世界と同じ割合で持っているのを見、その地球のなかにもろもろの動物、そしてついにはだにを見るがいい。そしてこれらのだにのなかに、最初のだにが提供したものを再び見いだすであろう。（中略）われわれの身体は、つい先ほどまでは、宇宙のなかにあって知覚できないほどのものであり、その宇宙すら、全体のうちにあって知覚しがたいほどのものであったにもかかわらず、今やその身体が、人の到達できない虚無に対しては一個の巨人であり、一つの世界であり、いな、むしろ全体であるということについて、誰か感嘆しない者があるであろうか。

　このように考えてくる者は、自分自身について恐怖に襲われるであろう。そして自分が、自然の与えてくれた塊のなかに支えられて無限と虚無とのこの二つの深淵の中間にあるのを眺め、その不可思議を前にして恐れおののくであろう。[5]

極大と極小の両方向へ無限に続くパスカルの宇宙観は、実証的な科学研究の結果というよりは、ジョルダーノ・ブルーノら先駆者の影響も受けた哲学的思索によるものだと思われるが、極小の世界を扱う素粒子論が極大の世界を扱う宇宙論と密接に結びついた現代科学の宇宙観ともどこか通じるところがある。大小どちらの方向に行くにせよ、人間にとって理解できない程にスケールが違う、異質な宇宙の姿は、人間の存在を相対化する。それは地上の苦しみにあえいでいる人にとっては救いや安らぎとなることもあるだろうが、人間的なものが一切排除された冷たい恐怖を感じる人もいるだろう。

　前に書いたように『パンセ』にはキリスト教護教論のためのレトリックとして書かれたようなところがあり、本当にパスカルが宇宙の無限におびえていたのかどうかは分からない。しかし、人間の感覚では捉えられない異質な宇宙の姿に対する恐怖は、天文学者である筆者自身の実感と通じる部分がある。個人的な話になってしまうが、星や自然を観察するのが特段好きでもなかった筆者が宇宙の研究を志すに至ったきっかけは、加古里子の絵本『宇宙――そのひろがりを知ろう』の中に描かれていた赤色巨星の絵だった。[6] 赤色巨星とは太陽のような恒星が寿命を終える直前に急激に赤く膨れあがったものであり、直径が地球の約一〇〇倍ある太陽のさらに数百倍もの大きさになる。代表的な赤色巨星はオリオン座のベテルギウスやさそり座のアンタレスなどである。小学生の頃絵本や夜空を見て感じていた、日常の感覚をはるかに超えた理解不能なまでに巨大なものがそこに存在することに対する、憧れと恐怖が入り交じった感覚は、三〇年以上経った今も容易に心の中に呼び覚ますことができる。もし宇宙が単なる好奇心やわくわく感だけを与えてくれる存在であったならば、生涯の大半をその研究に捧げようとは考えなかっただろう。幼い日に宇宙に感じた恐怖こそが、筆者をずっと宇宙へと惹きつけてきたのである。

　なお現代の宇宙科学は、私たちの住むこの宇宙がパスカルが畏れたような無限の世界ではなく、少なくとも私たちが知覚できる範囲の世界は有限であることを教える。この宇宙には一三八億年前に始まりがあり、恐らく遠い遠い未来には宇宙全体が生命の生存に適さなくなると考えられている。[7] 宇宙全体の終焉を待たなくても、太陽を含む恒星には寿命があり、太陽系はあと六〇億年ほどで終焉を迎えることが恒星進化の理論から明らかになっている。なるほど六〇億年という時間は、人類文明はもちろん生命進化の時間スケールをもはるかに超えており、人類が自らの問題として現実感を持って考えられるような時間ではないが、この地球上でどのような文明を築こうともいずれ無に帰するという確信は、何らかの影響を人間のスピリチュアリティにも与えているのではないだろうか。もっとも現世からの救済や解脱を説く宗教の宇宙観から見れば、それは自明の、あるいはとるに足らない問題なのかもしれないが。

ともかく六〇億年後も生き延びたければいずれ太陽系を出ていかざるをえないし、そうでなくても人類は既に地球外にその活動範囲を拡げつつある。そういうわけなので、次は近年、そして将来の宇宙進出が人間のスピリチュアリティにもたらすものを考えていこう。

三　宇宙進出がもたらすもの

スプートニクの打ち上げとガガーリンによる初飛行により、地球外の宇宙空間が哲学的思索と望遠鏡による科学的探求の対象だけでなく、人工物または生身の人間が実際に行って活動する場となってから半世紀以上が経った。今や地球周回軌道を回る国際宇宙ステーションには常時数名の宇宙飛行士が滞在しており、様々な実験を行っている。実際に宇宙空間へ行ったことのある人はまだ六〇〇人足

図1　アポロ17号が撮影した地球（NASA）

らずで、そのほとんどは職業宇宙飛行士である。しかし、人工衛星による測位（GPS）、通信・放送、地球観測などは文明社会に必須のインフラとなっており、この意味で私たちはすでに日常的に宇宙空間を利用している。人類自身の活動圏が宇宙へ広がりつつあると言うことができるだろう。

　これまでの宇宙空間への進出が人間精神にもたらしたものを端的に言えば、自らを外から見る視点の獲得だろう。図1は世界でもっともよく知られた写真の一つ、アポロ17号のクルーが太陽を背にして撮影した漆黒の宇宙空間にたたずむ地球である。もちろん外から自分を見る視点は宇宙へ行かないと得られないものではなく、例えば世阿弥も「離見の見」などと呼んで重視していた視点である。しかし、アポロ計画が実施されていた一九六〇年代から一九七〇年代にかけては、マスメディアが急速に発達した時代でもあり、月面着陸をはじめとする宇宙飛行士の活動や宇宙から見た地球の姿は、視覚的なインパクトと共に世界中の人々に瞬時に共有されたという点で大きな影響があった。ジャーナリストの立花隆は二〇一二年に開催された宇宙関係のシンポジウムで、宇宙から見た青い地球の姿と「宇宙から見ると国境線はない」といった宇宙飛行士たちの言葉が、決して終わらないようにも思えた東西冷戦を終わらせた究極の原因であるという旨の発言をしている。[8]

一方で、宇宙視点がもたらすものは、今の地球環境や命の尊さなど、人類の幸福な存続にとって重要と思われる倫理や価値観さえも相対化してしまう危険と常に隣り合わせでもある。生命、人間、社会のあり方などについての常識や固定観念を揺るがすことは、宇宙という視点が持つ力の一つであるが、それは一歩間違えば極端な相対主義、あるいは一種のシニシズムをもたらしかねない。哲学者のハンナ・アレントは、近代をもたらした最も重要な出来事の一つに望遠鏡の発明を数えているが、それは望遠鏡の発明が、「地球の自然を宇宙の観点から考える新しい科学」、すなわち人間の活動をも一つの現象として機械論的に見るような考え方をもたらしたからである。アレントはこれを「アルキメデスの点」と呼んで、近代自然科学を成立せしめたものであると同時に、人間性を脅かす可能性を持つものだと警鐘を鳴らした。そしてアレントによれば、第二次世界大戦後に実現した宇宙空間への進出は、望遠鏡の発明がもたらしたこの方向をさらに推し進めるものである。なぜなら地球は人間の条件の本体そのものであり、また地球を出た生命は人工的な装置無しには生きてゆけず、従って人間をしてその科学的・技術的知識を駆使して生命、そして人間自身を「人工的なもの」に変えてしまうに違いないからである。以下にアレントの言葉を引用しよう。

「地球に縛り付けられている人間がようやく地球から脱出する一歩」というこの発言が陳腐だからといって、本当はそれがどんなに異常なものかを見逃してはならない。というのは、なるほどキリスト教徒はこの地上を涙の谷間といい、哲学者は人間の肉体を精神や魂の囚人として眺めてきたけれども、人類の歴史の中でいまだかつて、人びとが本気になって、地球は人間の肉体にとって牢獄であると考え、文字通り地球から月に行きたいとこれほど熱中したことはなかったからである[9]。

しかし、人類の宇宙進出は本当に人々の価値観や精神の変容をもたらすのだろうか？　宇宙での滞在が人間精神に及ぼす影響に強い宗教的な体験が含まれることは、宇宙飛行士へのインタビューに基づいた立花隆の著作『宇宙からの帰還』によって広く知られるようになった[10]。もちろん宇宙滞在経験者がみな神秘体験を語っているわけではないので、「宇宙へ行くと宗教がかって帰ってくる」という点が少々強調されすぎているきらいもあるが、心身ともにタフネスを要求され、科学的・合理的な考え方を重視していると思われている職業宇宙飛行士たちが宗教的な体験を語ることが、人々に強い印象を与えたことは無理もない。

より学術的な宇宙飛行士への心理学的調査は米国のSuedfeldらが行っており、文化人類学者の佐藤和久がその調査を紹介しつつ宇宙空間における心身の変容の可能性について考察している[11]。Suedfeldらは、楽しみ、慈悲、伝統、普遍主義等のいくつかの価値カテゴリに関して、宇宙飛行の前後でどのような変化が見られるかを調査しているが、それによると、宇宙飛行の間に「権力」「普遍主義」「精神性」が顕著に上昇するとされている。また宇宙飛行の間に「神への信仰」は大きく上昇するものの、「特定宗教におけるメンバーシップ」は一貫して下降し続けるという結果もでており、これは「精神性」と「普遍主義」が共に上昇する傾向と関連しているように思われる。

しかし、地球を離れることは常に普遍主義的な傾向をもたらすのだろうか。これに関して筆者は以前にも別のところで論じたことがあるが、[12] ここでは地球からの距離による違いを考えてみたい。

図2は宇宙飛行士の山崎直子氏がスペースシャトルに搭乗して国際宇宙ステーション（ISS）へ行った際の写真である。ここには地球のごく一部しか含まれていないが、実は図1と同じ風景はISSから見ることはできない。ISSは高度数一〇〇km程度で地球を周回する軌道を取っており、地球の半径が約六五〇〇kmであることを思いだせば、地球のすぐそばをへばりつくようにして回っている

図2　国際宇宙ステーションから撮影された太陽と地球（NASA）

図3　ISS から撮影された東京湾周辺（NASA）

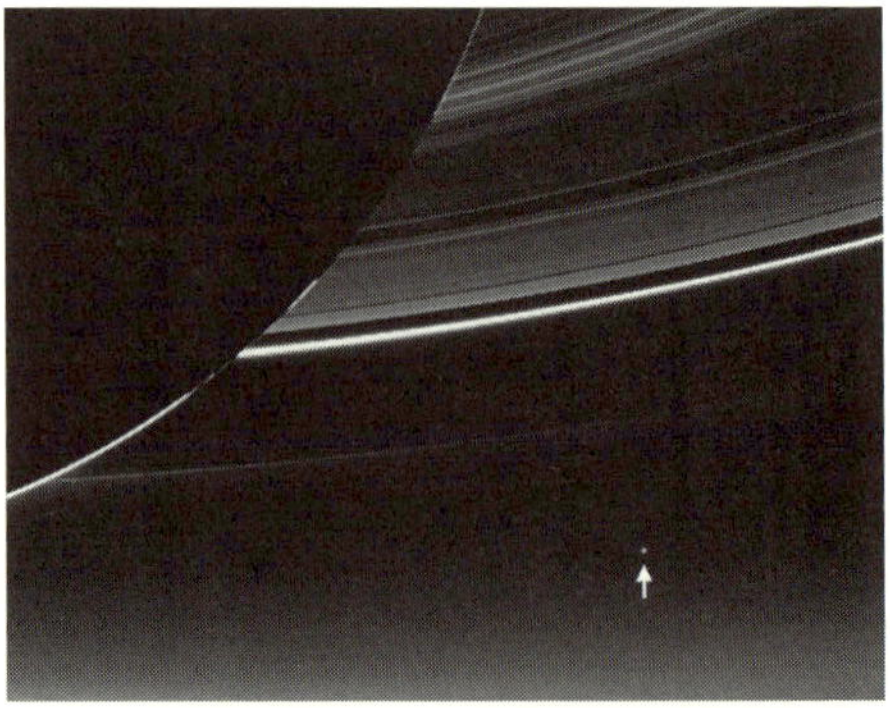

図４　土星探査機カッシーニが撮影した土星の環と地球（白い矢印で指し示してある）
(NASA)

ことがわかる。そのような近距離からは視野の中に地球全体を収めることはできない。図１は地球からある程度離れることで初めて見ることができる風景なのである。

実際ＩＳＳは地球に近いため、地表のかなり細かいところまで見ることができる。図３はＩＳＳから撮影された夜の東京湾周辺の写真である。主要河川や幹線道路がはっきり見えており、住民であれば自分の住む身近な町の場所まで指し示すこともできるだろう。前述のインタビューの際、山崎宇宙飛行士はこうも語っていた。「最初は『地球は一つ』と思う。しかし、地球をずっと見ていると、都市や山、火山などだんだん細かいところが見えだす。宇宙飛行士が互いの生まれたところを一緒に見たりする。その後また『一つの地球』を強く感じる時もくる。いろんなフェイズがあるのだろうか」。ＩＳＳ程度の距離（高度）では、地球を一つとみる普遍主義的な視点と、国や地域、文化的差異を意識する視点の両方が混在していることがうかがえる。

これに対し、地球からずっと離れてしまえばどうだろうか。歴史上、地球から最も離れた人間はアポロ計画で月へ行った宇宙飛行士たちであるが、無人の探査機はそれよりはるか遠くまで旅している。図４は米欧による探査機カッシーニが土星近傍から撮った写真である。美しい輪の下に矢印で指し示された青い点が地球である。地球から一四億km以上離れた土星からは、望遠鏡を使わない限り地球は他の夜空の星々と同じ点にしか見えない。注意して見なければどこに地球があるのかすら分からなくなるだろう。

地球が広大な宇宙空間にたたずむ一つの点にしか見えないというのは、人類がいまだ経験したことのない状況である。この視点から見れば地球上の国や文化の差異はもう見えない。そしてその視点に立つ人々には、「地球文明」を異化してしまったことによる新たな思想と文化が育まれることになるだろう。ここに来て宇宙がもたらすものは、地球全体を見ることによる普遍主義から、地球からの断絶がもたらす多様性へと変化する。人類学者のレヴィ＝ストロースが

創造活動が盛んだった時代は、コミュニケーションが、離れた相手に刺激を与える程度に発達した時代であり、それがあまりにも頻繁で迅速になり、個人にとっても集団にとってもなくてはならない障害が減って、交流が容易になり、相互の多様性を相殺してしまうことがなかった時代である。[13]

と言ったこの創造的な多様性が実現する場所は、グローバル化が進む地球上ではもはやなく、宇宙なのかもしれない。

だがそれは人間にとって本当に望ましいものなのだろうか。唐突だがここでダンゴムシの話をしよう。動物行動学者の森山徹は、ダンゴムシを自然界ではあり得ない状況へ置くことで、彼らの知られざる「こころ」を暴き出した。[14]ダンゴムシには交替性転向反応、すなわち「右に曲がった後は左に、左に曲がった後は右に曲がる」という性質があるが、この性質に従うと延々と同じ場所を行ったり来

たりするような仕掛けになっている迷路の中にダンゴムシを入れると、個体差はあれど、ダンゴムシはある時点でこの終わりの見えない単調作業に「キレて」、続けて同じ方向に曲がったり、壁をよじ上ろうとしたりと、特異な行動をとり出すのである。「未知の状況に狼狽した」ように見えるこのダンゴムシの心は、自然の中でダンゴムシを観察していても決して気づくことはできない。人間にとっての宇宙は、ダンゴムシにとっての迷路と同じではないか。宇宙という人間にとって未知の、地球とは極端に異なる環境は、私たち自身がまだ知らない人間の未知なる性質を暴きだすだろう。その中には、異なる環境へ適応しようとする人間が、生命工学などを駆使して自ら作り出すものもあるかもしれない。人間存在をも宇宙の進化で生まれた自然現象として見る視点からは、これもまた人類の進歩であり、歓迎すべき多様性の増大でありと捉えることもできるだろう。しかしその結果生まれるのは、今の私たちからは理解困難な、奇怪でグロテスクな思想や文化である可能性がある。この問題に関して筆者は人類学者らとの共著による本の中でもう少し詳しく論じているので、もし関心があれば参照されたい。[15]

梅棹忠夫は、宇宙開発に代表される「人間が意識的に作った文化」について、「洋々とした可能性があるとともに、恐ろしい一面もある」と語っている。[16] 近年、この問題は生命科学の急速な発展においてより鮮明に現れてきていると言えるだろう。そして人類の宇宙進出は、宇宙環境への受動的適応、或いは生命工学を駆使した能動的な適応の可能性とも相まって、人間の身体、そしてスピリチュアリティに大きな変容をもたらす可能性がある。この意味で、稲葉振一郎も指摘するように、長期的に見た時の人類の宇宙進出の問題はヒューマンエンハンスメント、あるいはポストヒューマンの問題でもある。[17]

四　アルキメデスの点から見つめて

本章の締めくくりに、冒頭に記した長島愛生園のその後を記しておきたい。

長島天文台跡地。中央のコンクリートの基礎の上に望遠鏡が設置してあった。2014 年 5 月筆者撮影

長島天文台は残念ながら長くは続かず、昭和三〇年代半ばには観測は中断され、現在は写真のように望遠鏡の土台だけが残されている。観測中断の理由ははっきりとしていないが、どうも天文台の建物の傷みで観測継続が難しくなったようである。設置されていた望遠鏡は急逝した山本一清の弟子が所蔵していたもので、英国のカルバー製のレンズを用いた貴重なものであったが、その行方は分かっ

ていない。

二〇一〇年の秋頃、昭和二〇年代に長島天文台で太陽観測をされていたという入園者の方から、当時の長島天文台における太陽黒点のスケッチが残っていないだろうかという問い合わせの手紙が花山天文台に届いた。当時花山天文台では山本一清が自宅に残していた膨大な資料の整理に着手していたところであり、そのようなものが見つかり次第ご連絡差し上げるとお返事したものの、残念ながらスケッチそのものはまだ見つかっていない。しかしこの手紙をきっかけに、観測が行われていた頃の長島天文台を知る入園者の方が今も何人か愛生園にお住まいだと分かり、花山天文台関係者も加わっている京都大学の部局横断型組織・宇宙総合学研究ユニットのプロジェクトとして、筆者を含む教員二名と大学院生二名が二〇一四年五月に現地へ調査に向かった。当時の長島天文台の様子、失われた望遠鏡の行方や、実際に天文観測にあたっていた方々がどのような気持ちでされていたのかを聞き取り、記録しておくためである。

現地調査では、実際に観測にあたっていた方お二人、それに観測員ではなかったが当時のことを覚えているという方お一人からお話を聞くことができた。インタビューの前、天文学者である筆者には「苦しい境遇にある人が夜空の星を眺めてひとときのやすらぎを得た」というような話が聞けるのではないかという期待があったことを、ここに正直に記しておかなければならない。だが実際に聞かせて頂いた話は、天文学者の浅薄な期待を裏切るものであった。

まず観測員ではなかったというSさんの話では、天文台は入園者同士のカップルの間で人気のデートスポットだったという。その理由には星を見てロマンチックなムードに浸れるということもなくはなかったが、それより何より、当番の観測員さえちょっと気をきかせてくれればカップルが二人きりになれる貴重な場所だったからだそうだ。八〇歳を超えるSさんは、青春時代とも言える当時の思い出を「楽しいことばっかりじゃったなあ」と語った。「何が一番楽しかったですか？」と聞いてみたところ、しばらく考えて「やっぱり結婚できたことかな」とお返事された。もとよりハンセン病の歴史を顧みれば、楽しいことばっかりだったというSさんの言葉をそれが事実の全てだと受け取ることはできないし、天文台のことを中心に聞いた今回のインタビューでも、家族との別れなど悲しい思い出を語って下さった方もおられた。だがSさんが自分の青春時代の思い出を「楽しいことばっかりだった」と語り、天文台の調査に来た私たちへのリップサービスがあったかもしれないとしても、その思い出の中に天文台が位置づけられていたことは、記しておきたいと思う。天文台である必然性は恐らくなかったのだろうけれど。

自らも観測員であったTさんの話もまた、青春時代の思い出として懐かしく振り返るものであった。筆者にとってもっとも印象的だったのは「星を見るのも楽しかったけどなあ、小型の望遠鏡で看護婦さんの寮を覗くのがもっと楽しかったなあ」というTさんの言葉である。天文台は園内の気象観測所に付設されたもので、Tさんを含む気象観測員が天文観測も兼ねるという形になっていた。一〇年程で観測が中断してしまった天文台と異なり、入園者による気象観測は後年アメダスが設置されるまで継続的に行われ、観測データは岡山地方気象台にも送られて活用されていた。この功績により気象観測所は何度か表彰もされている。気象観測所に設置されていた微分気圧計は非常に性能のよいものだったらしく、当時まだ禁止されていなかった大気圏内核実験による気圧の微震動も検出できた。

ニュースを賑わしている核実験の情報を閉ざされた島にいる自分たちがいち早く知ることができるのは面白かった、と語るTさんの語り口から、筆者は宇宙や地球の営みに安らぎを覚えるロマンチストよりも、技術者の誇りに近いものを感じた。

知られているように当時の入園者の方々の多くは、身内から患者を出したというだけで親族にまで差別が及ぶことを避けるため、本名をかくして通称名を使って生活していた。だがTさんによると、気象観測所の主任を務めていたYさんは、普段の生活や園内で盛んであった俳句等の文芸の発表には通称名を用いていたものの、気象観測の記録に関しては本名を使っていた。Yさんがデータを取り、愛生園職員の医師との連名による研究発表が岡山のローカルな研究会の記録に残されているが、その記録にもYさんの本名が掲載されている。実はこのYさんが、冒頭に紹介した山本一清花山天文台長への手紙を書いた依田照彦さんである（依田照彦は通称名）。依田さんがどのような思いで通称名と本名を使い分けていたのかは想像するしかないが、きっと観測という仕事を通して、自分がこの宇宙に生まれて来た証を残したかったのではないかと思う。依田さんの本名（正確に言えば本名であることはTさんからの伝聞であり、戸籍上の本名である確認は取っていない）が記された気象観測記録を長島愛生園の書庫で見つけ、しばらくの間その手書きの文字を見入っていた時の感動を、うまく伝える筆力が筆者にないことを残念に思う[18]。

宇宙から見れば人間の営みは余りに小さい。近代科学が明らかにしてきたのは、この宇宙全体と人間の間のスケールの隔たりがそれまで考えていたよりもさらに、ばかばかしさを感じるまでに膨大であるということだった。その隔たりは私たちの存在を相対化し、時として地上の苦しみを一瞬忘れさせてくれる。だがその隔たりは無力感や孤独、恐怖をもたらすこともある。その恐怖を誰よりも鮮明に表現した人であるパスカルは、一方で「宇宙が人間を押しつぶしても、人間は自分を殺すものよりも高貴であろう」という断章にもよく表れているように、人間の卑小さと偉大さの両方を明確に意識していた。このアンビバレンスこそが、宇宙と人間のスピリチュアリティの関係の根本であるように思う。

ハンナ・アレントは宇宙から地球を見る「アルキメデスの点＝近代科学の視点」は、個々の人間存在を粗視化するものだとして批判した。恐らくこの批判は的外れではない。レヴィ＝ストロースがいみじくも言ったように、天文学はその対象からの遠さ故に、対象を粗視化・抽象化して物理的な本質だけを抽出するのに成功を収めたのである。[19]だが、もしアルキメデスの点に立った者が超高倍率の望遠鏡で地球を見ることができて、この宇宙が物理法則にのっとった進化をしてきたその帰結として、瀬戸内の小島にかくも偉大な人間の営みが生まれたことを発見したならば、その事実に深い感動を覚えずにいられようか。

そして今、巨大な望遠鏡を建設して、第二の地球、そして太陽系外生命の兆候を見つけようと本気で取り組み始めている現代の天文学者たちは、まさにアルキメデスの点から第二の地球を眺めて、そこに偉大な生命の営みを見つけるかもしれないのである。太陽系外生命の最初の発見は、恐らくは知的生命との劇的なコンタクトではなく、生命の存在を間接的に示唆するかすかなシグナルに過ぎず、それも科学的不確実性を大いに含んだものになるだろう。だとしてもそれが人間のスピリチュアリティにかつてないほど大きな影響を与えうるものになることは想像に難くない。人間の偉大さと卑小

長島天文台跡地からかつての愛生園看護婦寮辺りを望む（2014年５月筆者撮影）

さのどちらをもたらすのかは分からないが、多分両方であろう。

　最後に長島愛生園で筆者が撮影したもう一枚の写真を紹介して本章の締めくくりとしよう。これは長島天文台跡地から、湾の向こう側、Tさんたちが小型の望遠鏡で覗いていた当時の看護婦寮があった辺りを望む写真である。筆者は神の存在に関しては不可知論（agnostic）に近い考えだが、神仏であれ、超巨大望遠鏡を持つ異星の知的生命であれ、長島天文台の観測員らが望遠鏡を覗いて語らっている姿を、驚嘆と尊敬の念を持って見ていてくれたのならと思うのである。

1　冨田良雄「山本天文台モノ資料紹介」第３回天文台アーカイブプロジェクト報告会集録、二〇一二年、一八―

八八頁、http://hdl.handle.net/2433/164304（京都大学レポジトリ）
2　パスカル『パンセ』前田陽一・由木康訳、中公文庫、一九七三年、断章77。
3　S・ワインバーグ『宇宙創成はじめの3分間』小尾信彌訳、ちくま学芸文庫、二〇〇八年。
4　例えば以下を参照。塩川徹也『パスカル「パンセ」を読む』岩波人文書セレクション、二〇一四年。
5　パスカル、前掲書、断章72。
6　加古里子『宇宙――そのひろがりを知ろう（かがくのほん）』福音館書店、一九七八年。
7　佐藤勝彦『気が遠くなる未来の宇宙のはなし』宝島社、二〇一三年。
8　岩田陽子「ISTS28th における人文社会科学系パネル『宇宙時代の人間・社会・文化』開催録」宇宙航空研究開発機構研究開発報告 JAXA-RR-11-006. 二〇一二年。
9　ハンナ・アレント『人間の条件』志水速雄訳、ちくま学芸文庫、一九九四年。
10　立花隆『宇宙からの帰還』中公文庫、一九八五年。
11　岡田浩樹・木村大治・大村敬一編『宇宙人類学の挑戦』昭和堂、二〇一四年。
12　同上書。
13　C・レヴィ＝ストロース『はるかなる視線』三保元訳、みすず書房、一九八八年。
14　森山徹『ダンゴムシに心はあるのか』ＰＨＰサイエンス・ワールド新書、二〇一一年。
15　岡田・木村・大村、前掲書。
16　梅棹忠夫著、小長谷有紀編『梅棹忠夫の「人類の未来」』勉誠出版、二〇一一年。
17　稲葉振一郎「宇宙倫理・ロボット倫理・ヒューマン・エンハンスメント倫理の交差点」明治学院大学社会学・社会福祉学研究、１４３号、二〇一四年、七五―一二六頁。
18　依田さんの本名に関する記述については、故人である依田さんを直接知る現長島愛生園自治会長に相談し、了解を得た上で執筆した。
19　C・レヴィ＝ストロース『レヴィ＝ストロース講義』川田順造・渡辺公三訳、平凡社、二〇〇五年。

出羽三山巡礼　女の聖地を探す旅

田口ランディ

那覇空港にて

「彼女、がんだよ。それも、かなり悪いね」

耳元にぬるい息がかかる。粘膜に残るえぐみを含んだ声は、低く揺らぎない。口調は残酷ですらあった。霊感というものがある人たち独特の死生観が悪趣味に思えることがある。それは、たぶん、わたしが死を怖れているからだと思う。この時もそうだった。

「どうして、わかるんですか？」

なるべく平静さを装った。病に関わることを憶測で語ってはいけない。ましてや、がんだなんて。でも、ここで動揺を見せたら、霊的な人たちとの関係が損なわれる。だってこの人たちは霊魂の不滅を確信している。わたしのように生老病死を嘆きはしない。

「見えたんだよ。昼を食べていた時、赤黒い汁がつつつって流れたんだ。おっぱいからこの太股のあたりにね」

そう言ってレラさんは自分の太股を指さした。

「あの人、スカートですっとぬぐって何食わぬ顔をしていたけど。ああ。ずいぶん大きな乳がんだなあと思ったよ」

さっき別れたばかりのマミさんの姿が目に浮かぶ。白いリネンのスカート。彼女はいつも自分で縫った羽衣のような服を着ている。

「まさか、だってあんなに元気だったじゃないですか?」

「だけどね、膿みが出ているってことは、がんはもうかなりすすんでいるんだよ。やけに香水が臭かったろう。あれはね、膿みの匂いを隠すためだよ」

服の下のマミさんのからだを透かして見るような細い目をして、レラさんはため息をついた。

「間違いないね、あのままだと長くないよ」

他人の乳がんを見抜く。その力をわたしは本能的に怖れる。でも、きっとこれは事実なのだな、とも思う。不吉な直感を平然と受け止めているレラさんの日に焼けた顔が、異国の人に見えた。

見えないものが見える人たちとの交流は多い。わたしが望んでいるからなのか、運命なのか、それはよくわからない。レラさんはわたしを「語り伝える者だ」と言う。神さまのことを書く人、見えない世界を伝える人。

特殊な力をもつ人たちから、似たようなことを言われるたびに複雑な気分になった。わたしには霊的な力がまるでないし、幽霊だって見たこともない。どちらかといえば、スピリチュアルな趣味と見られることに抵抗があった。

見えない世界のことは子どもの頃から興味をもっていた。レラさんとこうして旅をしているのも、この世の神秘に触れたいがため。レラさんには龍や精霊が見える。時を超えて死んだ者と交信する。雲を呼び、雨を降らせ、他者の病を治す。その能力が起こす奇跡の瞬間に何度か立ち合った。

でも、霊的直感だけで物事を断定してしまうのは、苦手だ。特に人の不幸にまつわることは慎重にと思う。忌まわしいことを口にすれば、忌まわしいことが現実化してしまう気がする。それはわたしの中にある怖れの現実化に他ならないのだろうけれど。

マミさんは沖縄の友人だった。裕福なご主人と二人暮らし。子どもはいない。見た目はいいとこの奥さん、美人だ。

五〇歳の時、彼女は突然気が狂う。存在の不安に襲われ、激しい心の飢えに身もだえし、泣き叫び、感情を抑制できなくなった。家を飛び出し、獣のように野宿をしながら徘徊し、精神科病院にも入院したという。

一年ほどで落ち着いてきたが、心の飢えは止まない。からだの中に暴れ狂っているなにかがいる。それは陸に上げられて跳ね回る怪魚のようなものだ、と言っていた。魂がなにを求めて苦しんでいるのか、マミさんはそれを知るために、霊的な力のある人を求めて日本中を旅していた。

アイヌのシャーマン、アシリ・レラのところに彼女が訪ねて来た時、わたしはレラさんと一緒に屋久島を旅行中だった。前ぶれもなく宿にふらりと現われたマミさんは、美しい幽霊みたいだった。どう言うのかな、まったく地に足が着いていない感じ。蝶々みたいにとりとめなくふわふわしている。

地母神のようなレラさんとはまるで正反対。

　彼女は「天命」を知りたがっていた。自分はなんのために生まれたのか、と。

「それはあなたがじぶんで見つけることだ」と、レラさんは言った。その通りだとわたしも思った。よくわからないけれど、求めているということはすでにエゴなんじゃないか。彼女がぜんぶを明け渡すのを、神さまはじっと待っているような気がした。

　マミさんから、レラさんと一緒に沖縄に遊びに来ないか、と誘われたのが五月の終わり。三人で沖縄の聖地巡りをした帰り、那覇空港のロビーでお茶を飲んでいる時、いきなりレラさんの不意打ちビンタを喰らったのだった。

「あの人の魂は、いつもこの世と霊界の間を行ったり来たりしている。肉体のエネルギーがとても弱い。すでに半分死んでいるみたいだね」

　確かにマミさんは、浮世離れしている。優しくて、子どものように純粋だけれど、深い影がある。お金になんの不自由もなく、好き放題に旅行できる彼女が、いったい何を求めているのか、他人のわたしにはわからない。

「病院には、行っていないのかしら」

「行っていないね。行っていたらとっくに切られているよ。あんな大きな乳がんだもの。ずいぶんほっといたもんだねえ」

　いったいレラさんは、人間の生死をどう思っているのかしら。ためらいもなく乳がんのことをずけずけと言うレラさんに畏怖を覚えた。

「なんとか、病院に行くように説得できないものかしら」

わたしの言葉にレラさんは、とてもそっけなかった。

「彼女を現世に引き戻すのは難しいよ。でも、どうしてもあんたがヤルと言うのなら、方法がないでもない。病院に行けば五年は延命できる」

五年なんて、そんなことまで断言するのか、と思いつつ、もう片足が暗い穴に落っこちて、足下にごうごうと地下水が流れるのを感じていた。

わたしがヤルの？　そんな面倒なことを……。でもここで引き下がると口ばっかりの女みたいでイヤだった。

「マミさんを説得するには、どうしたらいいんですか？」

金色の虹彩を放つ黒目が大きくなった。吸い込まれそうだ。

「彼女を連れて、山形の出羽三山に行っておいで」

「で、出羽三山？」

そこって、確か山形県じゃなかったたか？　ここは那覇空港だよ。

「そう。出羽三山に女の人の聖地がある。そこに行ってお参りしてきなさい。ものすごくパワーの強い場所だから、あの場所のエネルギーなら彼女を現世に引き止めることができるかもしれない」

確か、出羽三山は修験の聖地ではなかったのか。そんなマッチョな場所に「女の聖地」などあるんだろうか。まったく霊能力者という人たちは、突拍子もないことを言い出すんだから。事の展開にあ然としながら、わたしは慎重に質問を重ねた。

「出羽三山の、どこに、行けばいいんですか？」

「どこって、そんなの行けばわかるよ」

出た！　霊能力者はみんなこうだ。肝心なことは教えてくれない。

「ちょっと待ってくださいよ。出羽三山ってことは、山三つ分の広範囲な土地を指すわけでしょう。そんなところへいきなり行って女の聖地を探せって、そりゃあもう、あまりに無謀な話ではないですか。そこに乳がんの人を連れて行って、現世に連れ戻して、がん治療を受けるように説得するわけですよね、それをこのわたしが？　ムリムリ。絶対ムリ。だって、わたしにはそういう霊感はゼロなんだもの」

できない理由を並べ立てると、レラさんは「じゃあ、しょうがないね」と、あっさり話を引っ込めた。

「あんたしかできないんだよ。だから、あんたが行く気がないならしょうがないね」

「そういう言い方は止めてください。わたしはマミさんとはそんなに親しくないです。それに、出羽三山なんてまったく縁がないですよ。出羽三山に行く根拠を、教えてください」

レラさんは、笑って「理屈っぽいね、相変わらず」と、わたしの目をじっと覗き込んだ。

「理屈がないと動けないのはあんたのエゴだよ。神のために働くんならエゴは、捨てな」

痛いところを突かれて、わたしはぐっと言葉を飲み込んだ。

「病には病の起こる因果がある。あの人の病気は、出羽三山の場の力が効くかもしれないんだよ。それがなぜなのかは、説明できない。神の世界には人間が説明できることなんか一つもないんだ。でもいまわたしにはその場所がはっきり見えているんだよ。だから、黙ってその場所に行けばわかるんだ」

滅茶苦茶だ。どうしろっていうのだ。出羽三山のどの山かくらい……。

「もうちょっと教えてくださいよ。せめてヒント」

ヒントねえ……と、レラさんは渋々あっち側にアクセスする目をした。なにかの周波数にチューニングしているみたいに瞼がぷるぷる震える。

「羽黒山の参道入口の近くに神谷千代丸という宮司さんが住んでいるから、訪ねて行ってごらん」

それだけ言うと、レラさんは「がんばってな」とわたしの肩を叩いてニカっと笑った。


沖縄から家に戻ったわたしは、悩んだ。

そこまで他人のためにおせっかいを焼くべきなのか。そもそも、マミさんは本当に乳がんなのか。本人に聞いてみるのがてっとり早いが、いきなり電話で「がんですか?」とは聞けない。聞いたらますます一緒に旅行なんか行ってくれないだろう。だいたい、出羽三山で女の聖地を探すのに何日かかるのか見当もつかん。ため息をつきつつスケジュール表を眺めると、なんと、奇跡的に翌週の予定がぽっかり空いているじゃないか。

すぐに、行けってことか……。

出羽三山……、行ったことはないがちょっと怖そうなところだ。あまり気が進まなかったが、ダメ元でマミさんに電話をしてみた。

「あのね、沖縄でお別れしたばかりで急なんですが、……一緒に旅行に行きたいな、なんて思っているんですよ」

マミさんは意外にも明るい声で即答した。

「あらー。いいですねえ。わたしもランディさんと二人で旅をしたいと思っていたところですよ」

え？　マジ？

「えっと、じゃあ、出羽三山に行きませんか？」

しばしの沈黙。

「それ、どこですか？」

「……山形」

マミさんは何も聞かなかった。拍子抜けするくらいあっさり「行きましょう！」と言ったのだ。

羽黒山へ

わたしたちは、まず羽黒山を目指した。車中でわたしは「出羽三山に女の聖地があるから、二人で行って来るといいって、レラさんに言われたんですよ」と、旅の目的を説明した。するとマミさんは、「ゆうべの夢でその場所が出てきたわ」と言うのだ。

「ええっ？　ほんとうですか？　どんな場所ですか？」

「あのねえ、丸くて、噴水みたいな……」

ふ、噴水？　さっぱりわからないな。だいたい、事前に調査するな、ときつく言われてきたので、ガイドブックすら読んでいない。

「あんたみたいな頭でっかちはなんでも調べてしまうからダメなんだよ。あたしゃカーナビとか、大嫌いだよ。あんなものがあると直感が働かなくなる。いいかい、すべて神におまかせしていればいいんだ、わかったね」

神ってどこの誰だよ、と思う。信仰のないわたしには神さまがよくわからない。半信半疑。いるような気がする。でも自信がない。

とにかくこの旅にはスマホもGoogleも使ってはいけないらしい。レラさんの唯一のヒント、羽黒山の神谷千代丸さんだけが頼みの綱である。

「なんだか、ミステリードラマみたいね」

マミさんはのん気にはしゃいでいた。本当にがんなのか？　全部、レラさんの妄想だったらどうなる？　でも、それならそれでラッキーだと思った。病気でないことが一番のハッピーエンドだもの。

羽黒の里で土産物屋のご主人に聞いてみた。

「あー、千代丸さんね」

と、いきなりヒット。やった、本当にいらっしゃったんだ、と二人で小躍りしたのも一瞬のこと。

「あの方ねえ、一週間ほど前に亡くなったんですよ」

なんと、千代丸さんはわたしたちが訪ねる一週間前に、老衰で他界したというのである。

「羽黒山の生き字引みたいな人でしたけどねえ。ほんとうに残念なことですわ」

なぜ一週間前に。せめてわたしたちが来るのを待っていてくだされば……。諦めきれないわたしは、土産物屋のご主人から千代丸さんのお宅を聞き出し、アポ無し訪問を決行した。

千代丸さんの家は、羽黒の里の宿坊が密集している通り、土産物屋からは歩いて五分ほどのところにあった。古い木の門。見た目はお寺だ。神仏習合の神社なのかな。入ると子どもを抱いた観音像が立っていた。水子の供養のためだろうか、たくさんの花に囲まれている。マミさんはじっと観音像の前で手を合わせていた。

玄関先から声をかけると、奥から現われたのは体格の良い修験者。息子さんだそうだ。ふらりとやって来た女二人がしどろもどろに説明する話を、ていねいに聞いてくれた。

「つまり、アイヌの女性から女の聖地を探すようにと言われたわけですね？」

「そうなんです。出羽三山に行って神谷さんに訊ねればわかると言われたのですが……」

息子さんは、うーんと腕を組む。

「羽黒山にある古い修行場は西補陀落、東補陀落といい、男と女で対になっているんです。しかし、女のほうの補陀落は崩れてしまっていまは入れません。入れたとしても、普通の人が行けるような場所ではないです。女の聖地……他には思い当たるところがありませんなあ」

こちらも自分が探しているものがよくわからない、という情けない有り様なので、それ以上は突っ込めなかった。せっかくだからと先代の千代丸さんの霊前にお線香を上げた。ああ、千代丸さん、もう少し生きていて欲しかった。きっとまだこのあたりにいらっしゃるんでしょう、女の聖地ってどこなのですか。手を合わせながら遺影に祈る。優しいお顔がこちらを見て微笑んでいる。

亡くなられた千代丸さんは神の声を聞く人で、たいへん霊力が高かったらしい。

「以前にアイヌの女性が訪ねて来て御幣を立てた場所があります。もしかしたらその方があなたのご友人かもしれませんね」

「その人は、おっきくて豪快な女性でした？」

「そうそう！」

間違いない。レラさんだ。息子さんが、レラさんが祈りをした場所に案内してくれるという。レラさんはアイヌの祖先の鎮魂のために日本中を歩いている人。彼女が呼ばれたのなら、その場所ではきっと恐ろしいことがあったのだろう。

聞けば、千代丸さんの枕元に成仏できないアイヌの霊が夜な夜な現われて苦しみと無念を訴えたのだという。霊に頼られるのだから千代丸さんは優しい人だったのだな。わたしたちはレラさんが立てた鎮魂のイナウに手を合わせた。

レラさんは成仏できない霊たちと話ができる。レラさんといると、成仏できない霊はそこら中にいて成仏させてもらいたくてうずうずしているらしいことがわかる。霊がいるっていうことは、死んでも魂は生きつづけるんだよな、と思う。しかし、何百年、何千年も、成仏できずに漂っているのはなぜだろう。

「霊にはからだがないから、時間もないのさ」

と、レラさんは言う。

「どうして、成仏できないの？」

「恨みや苦しみを背負っているからだよ。それが重くのしかかっていて、神の光を見られないいんだ。だからね、同じ闇にいる人間を引き寄せて憑依するんだよ」

うーん、やはり素直には信じられない。強い光を見れば霊は成仏するのだそうだ。そして、レラさんにはその強い光がある。それはわかる。レラさんの他者への愛は凄い。たくさんの子どもたちを引き取って育ててきた。どんな人が訪ねて来ても泊めてごはんを食べさせてあげる。わかち合い、助け合い、日々を他者のために生きている人。それを光と言っていいだろう。

「人のために働きなよ、そうすればあんたが光になる」

そう言われてもレラさんのような生き方は自分にはムリだと思う。わたしが光になるなんて。この凡人のわたしが。ムリムリ。

アイヌの霊たちは、みんな無事に成仏したんだろうな……。気のせいかもしれないけれど、イナウの立っている場所の空気は、とても清々しかった。

しょっぱなから当てが外れ、意気消沈のわたしは参道口近くのおでん屋に入ってヤケ酒をくらった。くじけやすい性格なのだ。

「頼みの千代丸さんが亡くなっていたんじゃ、これからどうしていいかわかんないよ」

マミさんは我関せずな顔で相変わらずひらひらしている。おでん屋の壁に張られた観光パンフレットなど、楽しそうに眺めている。

「ねえねえ、ランディさん。羽黒山の上に鏡池っていうのがあるわよ。どんな池かしらね」

お酒を運んできたおでん屋のおばさんが、それを聞いて不思議なことを言う。

「そこはね、平安時代から鎌倉時代の古い鏡がたくさん出土した池なんですよ」

「へ〜？」

「それに、ちょっと不思議ないわれがありましてね……」

　おばさんの内緒話にわたしたちは思わず身を乗り出す。

「昔、羽黒山の山中に一人の女が捨てられていたそうなんです。ほら、見せ物小屋によく狼少女っていうのがいましたでしょ。あんな感じでね、木の皮や実を食べて動物のように暮らしていたんだそうです。それをマタギが見つけて不憫に思い、拾って育てたそうなんです。だんだん成長してきますとね、その女は不思議な霊力を使い出し巫女になりましたんです」

「霊力って、どんな？」

「天変地異を予言したり、人の死を言い当てたりしたそうですよ。それにね、習いもしないのに外国の言葉もなんでもわかったそうです。そして、ある時、実はじぶんは昭和天皇の双子の妹なのだ、と名乗ったそうなんです」

「昭和天皇？　ってことはわりと最近の話じゃないですか？」

「そうですよ。なんでも宮中じゃ、男と女の双子は不吉とされて、片方が殺されるんですってね。殺すには忍びなくて山中に捨てたんでしょう。その女は死した後、羽黒山の鏡池の龍となって池を守護しているそうです。霊感のある人が見ると、鏡池の上には二匹の龍がとぐろを巻いているのが見えるらしいですよ」

　なぜ、二匹？　でもおばさんは確かにそう言った。

「ま、わたしは龍を見たことはないですけどね。有料道路の料金所の脇の山中が女の暮らした場所だと言われていますよ。それに、羽黒神社の峠の宿坊の先代が、巫女の言葉を書き残していますからね。あんがい本当のことじゃないですかね」

「わたし、その鏡池に行ってみたいな」

マミさんがそう言うので、わたしたちは出羽山参道の石段を上ることにした。全二四四六段。特別天然記念物の杉並木は苔におおわれ幽玄で美しかった、が、この石段はかなりきつい。わたしが息切れしているのに、マミさんは平気な顔でひょいひょいと登って行く。

「マミさん、苦しくないの（ぜいぜい）」

「どうしてかしら、なんだかどんどん体が軽くなるのよ」

うれしげに振り返るマミさんの笑顔に、木洩れ日が差した。その光が頬に濃い影を作って骸骨のようだった。もしかして、この人は本当に死ぬかもしれない。羽黒神社の石段を上る姿に二重写しになって、この細い肉体から抜けて行こうとする魂が見えた気がした。山の天気は不安定で、晴れたり曇ったりしながら、霧が立つ。羽黒山の霧の中にマミさんが吸い込まれていく。なんでわたし、この人と羽黒山を登っているのかな。

運命というものが潮の流れのようなら、わたしはいま潮目に立っている気がした。ほんの少し漕げば別の流れがある。そこまで行ければ……と。

汗だく、咽カラカラになりながら、出羽三山神社三神合祀殿に到着する。

立派な合祀殿であり、その真ん前が鏡池だ。清々しい場所なのだけど、どうにもピンと来ない。ここじゃないなあ……と思う。ほんとうに昭和天皇の双子の妹が、ここを守護しているんだろうか。嘘なのか本当なのか、わからない話ばっかりだ。

「どうマミさん、何か感じる？　龍がいるのがわかる？」

池のほとりに佇んで、マミさんは苔色の水面を見ていた。水鏡に映る彼女の顔が醜く歪んで揺れている。

「わたしね、双子だったの」

「え？」

鳥が甲高い声で鳴いて、飛び去った。

「生まれてきたのわたしだけ。わたしの分身はお腹の中で成長せずに死んでしまっていたの。だから、捨てられた双子の巫女の話を聞いた時に、ちょっとどきっとしたのよ」

それからマミさんは、笑いながら自分のお腹をなでた。

「四三歳の時に子宮筋腫になって子宮を取っちゃったの。そうしたらね、おっきな筋腫の中から人間の爪と髪の毛が出てきた。もうひとりがわたしの子宮の中に入っていたのよ。わたしが成長して、飲み込んじゃったみたいなの」

池の中からぬっと子どもの手が出てきそうな気がした。

「そういうことってあるんだね……」

「うん、びっくりした。それからわたし、気が変になっちゃったの。うまく言えないけど、じぶんが誰なのかわからなくなっちゃった。なぜ生きてるのがわたしなんだろう、って」

「そんなこと、誰もわからないよ。たぶん、それが運命ってものだと思う」

「でもね、ふたりは一緒に生まれたのよ。そしてね、ずーっと一緒だったの。あの子は筋腫になってやっとこの世に生まれたの」

マミさんは池のほとりに立って手を合わせた。

水面をふわっと風が吹いて饐えた甘い香りが漂ってきた。ああ、この匂いか……と思った。鏡池が、マミさんを吸い取ってしまうほど黒かった。

子宮筋腫、そして乳がん、この人は女の大切なものを失ってきたんだ。それを自分が生き延びたことの因果とでも思っているのかしら。

「この池は、魔よけの池。昔の人たちはこの池に鏡を投げて、魔が避けてくれるようにと願ったの。その思いが伝わってくる。ほら、龍もいる。龍は水の神さまだから。大きな二匹の龍だわ」

二人で空を見上げた。龍なんかどこにもいない。わたしにはなにも見えない。今にも雨の降りだしそうな曇天。灰色の空。また霧が出てきた。

蜂子皇子

女の聖地。それはマミさんの子宮や乳房に命を満たす力がある場なのだろうか。そんな場所が出羽三山に本当にあるのか。ここまで来たからにはなんとしても見つけたい。

手がかりを探そうと思って合祀殿の下の歴史博物館に入ってみる。

がらんとした館内には誰もいなかった。見ているだけで眠くなる歴史資料の数々。古文の苦手なわたしは読む気も起きない。

薄暗い館内に出羽三山を開山したという蜂子皇子の肖像画が飾ってあった。その異形に思わず足を止めた。

「うわっ、見てこの人、すごい顔をしているわねえ」

カッと見開いた目、口は裂け、でかいとんがった鼻。これほど変な顔に描かれる理由はなんなのか。肖像画ってのは二割増しで美男に描いてくれるものじゃないのか。

解説によれば、出羽三山の開山は推古元年。蘇我馬子の配下に殺された崇峻天皇の第一皇子であった蜂子皇子は命からがら由良浜にたどりつく。そこで三本足の霊烏に導かれて羽黒権現を感得し羽黒山を開山した、とのこと。

「崇峻天皇の第一皇子、ということは、この人って聖徳太子の従兄弟ね。あら、でも、聖徳太子には従兄弟はいなかったはず……」

マミさんは妙なことに詳しい。

わたしは、蜂子皇子の顔を見ながら「レラさんの親戚の、マクおじさんに似ているなあ」と思っていた。蜂子皇子はアイヌの顔の特徴をもっている。アイヌの霊が出るのなら、このあたりにもアイヌが住んでいたはず。もしかしたら蜂子皇子ってアイヌの子孫なんじゃないか。かつてアイヌは精霊や神と対話ができた。不思議な霊力をふつうに使って暮らしていたと聞いた。

もしかして、あなた、縄文人でしょう?

蜂子皇子の目がぎろりと動いた。

「あなたがたは、たいそう歴史にお詳しいのですね」

いきなり声をかけられびっくりして振り向くと、暗い館内に剃髪の青年が立っていた。いったいいつからここにいるのか。わたしたちの顔を交互に見てにこにこ笑っている。

太い眉毛、精悍な口元、凛々しい目。襟足のスカッとしたなかなかの美男子ではないか。あれ、この人、どこかで会ったような気がするなあ。でもわたしには山形に知りあいなんていないし……。

山伏のような白装束を着ている。このあたりの修験の人なのかもしれない。

「蜂子皇子は、伝説のひとです」

青年は、すうっとわたしたちに近寄ってきた。身体からは白檀のよい香りがした。

「つまり、実在しないということですか？」

「実在したか、しないかは、それほど問題でしょうかね」

「そりゃあ気になります。でもこんな異形にされてしまうのはフィクションだからかもしれませんね」

「なぜ異形がフィクションと？」

「霊力を強調したかったんだと思います。霊力のある存在は異形として描かれます。異形とバーターで神は霊力を与える。そして、いつの時代も人間は不思議な力に憧れて、畏れるんです」

「鋭いですねえ」

と青年がおだてるものだから、わたしはますますいい気になった。

「だいたい、土地にまつわる伝承とか、ほとんど嘘だと思いますよ。人間は伝説が好きなんですよ。

だからいくらだって伝説を作ってしまうんです。昭和天皇の双子の巫女とかね、ありえないです」

「人間はなぜ伝説を必要とするんでしょうか?」

「物語によって場が聖なるものになるからだと思います」

「なるほど、物語が場を変える?」

「出羽三山だって、出羽三山という物語があるから観光客が来るんです」

「まず、物語ありき?」

そう聞かれると、なにか違うような気もした。

「場の力ってのも、あると思います。いや、もしかしたら場が物語を生むのかなあ……」

「もし出羽三山が物語なら、どんな物語なのか……。いまあなたの目の前にある現実から、隠されているものを探ることが大切でしょうね」

変な若者である。地元の郷土史研究オタクかもしれない。

「出羽三山って、羽黒山、月山、湯殿山でワンセットですよね。三つでひとつって、ジャンケンポンを連想します。三すくみ。どれも弱くてどれも強い。だから最強……みたいな」

「ジャンケンポンか、こりゃまた面白い」

青年が笑うと、どこからか鈴の音がする。

「おっしゃる通り、出羽三山は三つでひとつです。昔は羽黒山、月山、葉山が三山でした。羽黒山はその立地などから羽黒修験道の中心地になりましたが、修験道が盛んになったのは平安時代からのこと。そのずっとずっと前から、これらの山は信仰されていたのですよ」

つまり、出羽三山よりも、山そのものを見ろってことなのか。

「出羽三山が、羽黒山、月山、葉山だったのなら、湯殿山はどういう位置づけだったんですか？」

「湯殿山は、別格です。いまでも奥の院と呼ばれています」

「別格？」

青年は、またしてもほっほっほとうれしそうに笑った。

「あなたがたは、羽黒山に来て何を感じましたか？」

わたしたちは顔を見合わせた。

「うーん。美しい山だけれど、それ以外には正直言って何も感じなかったなあ。修験ってあんまり興味ないし」

青年はよしよしと頷いた。

「正直でとてもよろしい。では、月山と湯殿山にも行ってみることです。答えはいつもじぶんの中にある。それをよく覚えておくことです」

「なぜ、池の龍は二匹いるんですか？」

マミさんが急に声を上げた。息を吸い込んだ青年の目が烏みたいに真ん丸になった。

「二は、一足す一。でも、一と一を合わせても一です」

答えを聞いたマミさんは黙って頷いて、深々と頭を下げた。わたしもつられて頭を下げた。そして、顔を上げてみるともう青年はいなかった。

「あれ、どこに行ったんだろう、あの人」

わたしがそう言うとマミさんはぷっと笑った。

「ランディさんって、ほんとに鈍感なのね」

「え？　どうして？」

「わからないの？」

全然わからない。わたしは首を横に振った。

「会いに来てくださったのよ、千代丸さんが」

月山から湯殿山へ

その夜、マミさんは羽黒の里の宿坊で熱を出した。昼間に無理をしすぎたのかもしれない。それでも朝になるとケロっと元気そうに朝食に現われた。

わたしたちはタクシーを半日借り切って月山から湯殿山を回ることにした。

車が月山の麓に入る。白い霧の中、月山詣の白装束の集団をたくさん見かけた。

「あれが月山の頂ですよ」

だいぶ山を上がった頃にタクシーの運転手さんが車を止めた。

「月山って、まさに異界って感じだね。羽黒山とは、ぜんぜん雰囲気が違う」

マミさんはじっと車窓から外を見ている。

「月山は、池間島のオハルズに似ているわ」

池間島は沖縄の宮古島と橋で繫がった小さな島。そこにオハルズというウタキがある。島の司（女神官）以外は決して足を踏み入れることのできない聖地。祭りの時でも土足で入る者はいない。沖縄生まれのマミさんは、月山の姿に幽界との境目と言われるオハルズを見ていたのか。

「きっと昔の人にとって月は幽界だったんだね。だから月山と呼ばれたのかもしれない」

確か、月は地球に隕石がぶつかって、その破片があつまってできた衛星。だとしたら月もまた地球の分身、地球と月は双子みたいなものだ。

「出羽三山は、羽黒山、月山、湯殿山の順序で回るのが正しいんですか？」

運転手さんは「そうですね、みなさんそのルートで回られます。生と死と再生……みたいなふうにも言われます。月山という死を体験して、湯殿山でもう一度再生するってね」

「なんだかそれも、広告代理店のプランナーが考えた観光戦略みたいだね」

わたしたち女にとって「月」は特別な存在だ。

月経が始まれば少女はもう女。女は月とともに女になり、月の周期で血を流す。おぎゃあと生まれた時から、女はからだの中に一生分の卵子をもっている。生むための性なのだ。出産は月と深く関わっている。満月の日は出産件数が増えるし、珊瑚は満月の夜に一斉に産卵する。月経は、受精しなかった卵子が流れる血……流産の血だ。発情期のない人間の女たちは、卵子が尽きるまで血を流しつづける。この宿命を、古代の女たちはどう受け止めていたんだろうか。女だけが血を流すことを、古代の男たちはどう受け止めていたんだろうか。

わたしにとって月山の隠微な暗さは、湿った女のヴァギナだと思った。月山は女の陰の聖地だ。受精のために命の寝床を整え、精子を待ちつづける卵子。出会いがなければ卵子は血とともに捨てられる。女の子宮は生命を育てる精妙な培養装置。でも、この血のために女は不浄とされてきたのだろう。

古代、生むことが豊穣の印とされていた時代、月も花も女の生殖機能を象徴していたはず。だから、隠されたのだ。この神秘に触れることを畏れ、でも、きっと深く信仰されていたはず。月山は、その名残。月山には、花が似合う。

あまりに大きな子宮筋腫だったから、子宮ごと取ってしまうしかなかった、とマミさんは言った。まだ母親の子宮にいた時、彼女ともう一人のきょうだいは、一つの卵子から二つに分裂した。でもけっきょく、なにかの不都合が生じてマミさんだけが成長し、もう一人を体内に飲み込んだ。二人は一つになった。そして、マミさんは、もう一人を生んだ。

きっと、その子の供養をしなければならなかったんだ……。

一足す一が一になる、一は分裂して二になる。

湯殿山登山口でタクシーを降りたわたしたちは、参道入口まで五分ほどバスに乗った。月山から湯殿山に向かう間に、雲っていた空がみるみる晴れてきた。バスを降りるころには燦々と太陽が輝き、空は真っ青。あたり一面にむわっと草いきれがたちこめる。雨具の用意をして出かけて来たのに、まさかこんなに晴れるとはびっくりだった。

砂利道を踏んで湯殿山のご神体に向かいながら、わたしとマミさんは同じことを感じていた。

「ねえ、ここは、すごく沖縄に似てる!」

東北の山奥であるのに、湯殿山はどこか南国的だった。

出羽三山の奥の院が、こんなに大らかで清々しい晴れやかな気の場所とは、まったく想像もしていなかった。羽黒山の修験の堅苦しい雰囲気にいささかうんざりしていたわたしたちは、急に気持ちが楽になって、踊り出したいようだった。なにかとてつもない力が沸き上がっているのを感じる。わたしの存在を許してくれる力。生きろ、生きろ、生きろと、大地が呼びかけてくるみたい。

登山口でもらった観光ガイドによると「湯殿山神社本宮には社殿がなく、ご神体は熱湯の湧き出る茶褐色の巨大な霊巌」だそうである。

参詣するためには、まず靴下を脱いで素足になりお祓いを受ける。足を清水で洗い、お祓い場でお守りと小さな人形《ひとがた》の紙をもらって、その紙を自分の体にすりつける。こうして自分の穢れを紙に移して、最後にふうっと息を吹きかけ足下に流れる渓流に流すのだ。

わたしはマミさんのお腹を人形でさすった。もう一人の子が、成仏できますようにと祈った。マミさんが、人形に息を吹きかけると、人形はひらっと風に舞って、渓流へと落ちていった。

古い木戸を抜けて、ご神体へと向かう。

現われたのは、巨大な赤茶色の巌だった。お椀を逆さにしたような丸い形をしている。そして巌のてっぺんからあったかいお湯がこんこんと湧きだしている。

「うわあ、まるで、巨大なおっぱいだね！」

思わず、そう叫んでから、はっとした。

マミさんの目の中にわたしが映っていた。わたしは思ったよりも悲しそうな顔をしていた。

マミさんの顔が、はっきり言っている。

そうなのよ、わたし、乳がんなのよ、って。

お互い、何も言わなかったけれど、おのずと、ここに来たことの意味を了解しているのがわかった。生きて。とわたしは願った。それがわたしの意志なのか、場の意志なのかわからない。でもこんなに強く、生きろって思っている自分がいる。なんだか涙が出てくる。

わたしの前をマミさんの白い足首が、登って行く。とても細い足。

お湯に足をとられながら、マミさんは無言で登って行く。

お湯が流れている。無尽蔵に流れている。どんどん流れている。このお湯がなにかを浄化していることは間違いなかった。

あとは場の力におまかせするしかない、と思った。

つるつると滑る足下に注意しながらわたしたちは流れるお湯の中を漕いでいく。ぬくぬくして気持ちいい。どこからか滝の音がする。ざあざあざあ。音もまた穢れを清めてくれる。足下の温かさが、なんとも言えず心地よく、体の中に地球の熱が染み透ってくる。

「マミさん、ここはすごいところだねえ！」

「うん、来てよかった。ほんとうにありがとう」

巌のてっぺんで抱きあった。空は真っ青。雲一つない。

「ランディさん、女の聖地はここよ。わたしが見た夢もここだった」

「うん。これこそ女だね。女っていいなあ、女でよかったなあってうれしくなっちゃうね」

一足す一は一だ！

この山の丸い形は妊婦のお腹にも似ている。温泉を吹き出している穴は女性器みたいにエロい。最高に大らかで、なんでも受け入れ、そして生み出してしまう女の生命力が、この場所には満ちあふれている。

女、ばんざーい！

女の聖地、ばんざーい！

二人で泣きながらお湯をかけあった。

湯殿山発、最終バスから見た夕焼けは、月経の血のように赤かった。

その後のこと

最後の夜は鶴岡に泊まった。

ホテルの部屋でとことん話し込んだ。わたしはマミさんに「病院に行って治療を受けてはどうか」とすすめた。彼女はずっと「昔の人はがんになったら、受け入れて自然に死んでいたのだから、自分もそのようにして自然に死にたい」と言った。西洋医学への不信感なのか、手術はどうしてもいやだと言う。

でも、湯殿山の場の力は彼女の心になにかしらの影響を与えたのだろうか。飛行場でさようならと抱きあった時、彼女は「帰ったら病院に行ってみるから」と言ってゲートに消えた。

わたしの心は複雑だった。病院に行って手術をするのが本当に彼女にとって良い選択なのか、正直なところ自信がなかった。

その後、彼女は乳房の切除手術を受け、抗がん剤治療と放射線治療を受けた。医師が「こんな大きな乳がんは初めて見ました」と言ったと笑っていた。一七センチの傷跡が残ったという。髪は全部抜けた。子宮、乳房、髪を、彼女は失った。それでも彼女のからだから、がん細胞は消えた。

尼僧のようなつるつる頭になった彼女と、わたしは数度の旅行を楽しんだ。いろんな場所に一緒に行った。彼女が歩いていると人々がそっと手を合わせる。宗教的な人だと感じるのだろう。いつも白い服を来ていて、顔は晴れやかで、神々しかった。ダライ・ラマ法王にもお会いしたのよ、とうれしそうだった。

手術から五年が経った時、再発したということを聞いた。

わたしは不覚にも泣いた。

五年間、生きられてほんとうによかったと彼女は言った。あの時、山に連れて行ってくれてありがとう、と。

死ぬ瞬間まで、彼女はとてもよく生きた。もう自分がなんのために生きているかを問わなかった。すべてを受け入れ、おまかせして病んでいる姿は、多くの人に希望を与えた。

出羽三山の旅は、彼女との一番の思い出だ。あの場の力は凄まじかった。

あのときわたしたちは「女の聖地」を探していた。だから、場は女の聖地として立ち現われてきたのだと思う。探しているものが現われる。それが場の力。

答えはじぶんのなかに探せ。千代丸さんはそう言った。

見えているものの背後に隠れているもの、それがじぶんなんだ。

わたしにとっても、マミさんとの旅は、ひとつの転機となった。

ガイドブックやネットで検索し、事前に調べていたら、湯殿山が女の聖地ではないか、と見当をつけていたかもしれない。

でも、レラさんが言うように理屈で考えていたら、体験は薄まってしまう。その場に、その環境に、身ひとつで飛び込んだときにしか、得られないものがある。神秘とは体験そのものだから。

考えることはあとでもできる。飛び込んでみれば、全力でぶつかってみれば、奇跡は起こる。もちろん、それを励行するわけではない。緻密な調査や下準備は、生きるためにとても大切だ。うっかり霊能力者の言うことを真に受けたら人生を踏み誤る。

よくよく用心しつつ、神秘にはいつも心を開いていたい。生きるための力は、神秘に宿るものだから。

気功と環境の哲学

津村 喬

気・宇宙を支配している霊性的エネルギー

湯浅泰雄氏の編集された『スピリチュアリティの現在』の巻頭に書いておられる『霊性問題の歴史と現在』の中で、気功についてふれている。ＮＩＨ（アメリカ国立健康研究所）は一九九七年から漢方薬と鍼治療の有効性を認めて優遇措置をとってきたが、二〇〇二年から気功、セラピューティック・タッチ（治療効果を持ったタッチング）、レイキなどの研究への助成を始めた。気功はQigongという中国語の表記が最近は英語でも使われているが、広い意味ではセラピューティック・タッチもレイキも気功の一分野と言える。「ここで注目されるのは、気功Qigongに関する研究が、気功の本質を〝癒しの霊性〟Spirituality of healingという言葉で表現していることである。つまりアメリカでは、気功は霊性運動の一環として理解されているのである」。イギリスなどでも同様だという。

中国では法輪功の問題で気功と霊性の問題が浮き彫りになった。湯浅氏は法輪功を「道教の体内神の考え方を仏教で説明したもの」「人間の体内には神仏の働きが宿っていて、気功の訓練はそれを呼び覚まし活性化するという考え方」とし、それは通俗的と言えるかも知れないが反体制イデオロギーではないとしている。それが一〇〇〇万を越える規模になったためと、国家の思想管理から逸脱したために弾圧されたという。

法輪功について詳述するつもりはないが、私は違ったふうに捉えている。「教祖」の李洪志はつい最近まで新聞記者で、禅密功や外丹功のセミナーに通っていた。新聞記者のままではうだつがあがらないと、自分で気功の流派を興す素材を集めていたのである。そして結局ごくやさしい功法を適当に編集して、それが解脱への道だと言い出した。気功は少し「ずらす」だけでいくらも神秘の色彩を持たせることができるのだ。何人かの政府幹部に取り入って賄賂を渡し、保護してもらって、共産党の中に毛沢東時代をなつかしむ気持ちが残っていることに目をつけて、自分の著作を街頭で輪になって読み上げさせた。その著作の中身はこの世は九層になった世界の最下層で死ねばもっといい世界へ昇っていける、自分は上の世界から救いにきたのだということだった。李洪志は金を儲けること以外に目的はなく、宗教的な戯言もただ目立つためだったが、広がっていく中で何人もの自殺者が出た。彼は大きな金を集めてニューヨークに豪邸を買い、それで矛を収めるつもりだった。だが、イギリスとアメリカの諜報部門が放っておかずに、信者を使って中南海を包囲するという挑発行動に出た。弾圧を引き起して世界の非難の的にしようとしたのだ。

結果としては江沢民政府は関連した幹部を処分し、関わった党幹部は自己批判し、庶民は弾圧された。そして法輪功が根絶されただけでなく、中華益智気功、香功などのにわか仕立てで神秘ぶりによって時流に乗って巨大化した気功は皆弾圧された。これはいいことだったと私は思う。法輪功弾圧やその他の気功への規制は気功の弾圧ではなかった。気功を口実とした集金運動が破綻したというだけのことだ。私が習って来たような昔ながらの質の高い気功の先生たちはせいぜい数十人しか生徒がいないまま続けてきた。

中国政府はその後世界に広める標準気功として九つの健身気功を制定し、中国国内と海外のこれまでに八〇以上の国に広めて、古典気功がどのようなものかを伝えて誤解を解く努力をした。しかし問題なのは、法輪功が非常に浅いレベルで「霊性」を取り上げて内容のない宣伝をしたために、もともとの道教や仏教の説く深い精神性は気功の世界で十分論議されずに、健身気功は「体育会系」になってしまったことだった。その意味では大量現象としての気功は欧米の Spirituality of healing よりも大きく立ち後れてしまった。

だが、もともと気功はそうした大衆文化ではなかった、とも言える。長い歴史の過程で、ほそぼそと、宗教的修行の中で、また武術や医療の中で少数の人によって担われてきた。医療や武術、そして簡単な道教、仏教の中で実践されてきたのが「導引」つまりストレッチによって気をめぐらせることである。気功を名乗る修練方法は八〇年代にどっと増えたが、その九〇%は「導引」だった。そして「導引」の中で霊性がテーマとされることはほぼなかった。「病気を治したり予防したりする運動療法」と理解されてきたのだ。しかしすべての気功が「調身、調息、調心の同時の実現」という気功の定義を受け入れてきたが、これは天台大師智顗の『天台小止観』によるものであり、それ自体が「霊的な癒し」に通ずるものと見てよかった。つまり、「導引」の大部分は表向きは運動療法だったが、究極のところでは心理的な癒しにも、霊的な癒しにもつながっていた。

「導引」以外の気功はどうか。北戴河に代表される「吐納＝呼吸法中心の気功」と坐禅やチベット密教の瞑想に代表される「静定」の気功は、量的にはそれぞれ三％程度だった。残りの四％をイメージ療法である「存思」と「内丹」が分け合っていた。これが気功の五大部門と言われるものだが、そのそれぞれが、たとえば呼吸という身体技法が同時に各瞬間ごとに私を満たしてくれるスピリチュアルなものへの帰依をはらんでいるように、また道教や仏教の瞑想それ自体が心の安定の技術であることを超えて個人を超越した類的存在への一体化を目標としているように、導引にさえみられる「霊的な癒し」のテーマは本来の気功の中に貫徹している。とくにそれが精緻に論議されてきたのが内丹派気功である。

内丹は書物としては導引に次いでさまざまに公刊されて論議されてきたが、実際にやっている人はごくわずかである。内丹の一部である小周天については誰もが試みようとするが、ほとんど誰もできていない。導引の初歩で体験する「意識が気を導く」ということが通用しない先天気功が内丹功法であり、それは体をそのような環境に導いてただ「待つ」しかないことであり、自我意識で気をめぐらそうとするのは必ず破綻する。せいぜいうまくいった場合で体内に霊的なレベルで気を廻らしていくための環境作りがしだいに進んでいくというだけである。先天の気とは呼吸で始まる後天の気に対して個人的なものではなく、親から受け継がれてきた遺伝子のもつ情報であり、老子の場合は「玄牝の門」という形で表現した「私の体内のスピリチュアルな要素」のことである。

湯浅氏は「気功のルーツは宗教の修行法にある。この気がスピリチュアル（心霊的）な性質を帯びている」として、鐘離権と呂洞賓による『黄金の華の秘密』を取り上げている。よく知られているようにもともと『太乙金華宗旨』と題されたこの本はドイツ人宣教師によって訳されユングに深刻な影響を与えた。この書物は「瞑想が深まってゆく過程を、気のエネルギー変容という観点からとらえている。瞑想の訓練は、下腹部（下丹田）に蓄積された「精」Ching を眉間に導いて神 Sheng の状態に変化させることを意味する」「瞑想とはリビドの変容によってそれを肉体性の強い状態から神聖な状態まで昇華することを意味する。その訓練の目的は、自我意識を超越して超越的なタオ道からのはたらきを受けることを意味する」

また湯浅氏は別の所で「気は元来宇宙を支配している霊性的エネルギーであって、人体はそのエネルギーを受けることによって生きている」と気功の観点を要約しているが、現在とくに道教気功から提出されているのは、「私が私個人を超えて霊的存在になるとき、宇宙と自然の環境に影響を与え、より良く変化させることができる」という観点である。その意味での道教文献の読み返しの作業が進んでいる。またそれと結びついて、「私が樹木であり、樹木が私である」ことを原理とした樹林気功、「私が宇宙であり、宇宙が私である」ことを体感する外丹功のような気功実践が登場してきている。これは新しい時代の気功の大道である。

その潮流のルーツである亀蛇気功と、その到達点である外丹功の二つをここでは紹介しておくことにしよう。

亀の気功——爬虫類を模倣することの意味

亀の気功はさまざまに伝わっているが、その最も整理されたものは、つい最近亡くなった周稔豊先生によって伝えられていたものだ。またその起源と思われるものについては、青海省で発見された「亀の姿をしている男女両性具有の人のイラストが描かれている壷」がある。この壷は五七〇〇年程前のものとされる。現在は天津市博物館で見ることができる。

これは男性と女性の性器を備えた像で、前屈みになってあごを大きく突き出している姿勢が「亀の呼吸」の息を吸う姿勢と一致しているために、周先生は「亀の呼吸を表したもの」と判断し、教科書『亀蛇気功』にもそのように記述したが、必ずしも同意しない学者たちもいる。気功の教科書や辞典にも、周先生の記述に従っているものもあれば、亀の呼吸に触れずに、ただ何か呼吸法をしていると記述しているものもある。

この壷は岷江《みんこう》上流で発見された。岷江は以前は長江（揚子江）の上流と考えられていたが、数十年以前にチベットからもっと西に回り込んでいる金沙江のほうが少し長いことが判り、こちらが源流とされた。しかし岷江沿いには一万年以上前の住居の痕跡があり、「蜀」と「羌」という二つの民族集団が存在した。李紹明「中国先秦の蜀と羌の関係を論ず」（『長江流域文化研究所年報』）によれば「中国先秦時期の西南地方一帯には、蜀と羌という二つの比較的大きな族集団が分布していた。蜀はかつて幾度となく国家建設を繰り返し、西南地方の一隅に勢力を張り、巴と併せて巴蜀と称され

1　亀蛇合気

2　二龍戯珠

3　左右浪動

た。羌は蜀よりも更に広範に分布し、多くの部落が西南から西北地方の各地に広く存していた。蜀・羌の両者は実に密接な関係を有していたと同時に、中原の殷・周王朝とも関係を有していた。蜀は一地方の国家（の名称）である上に、また族集団（の名称）でもあった。蜀国の主体となった民族は蜀族で、その統治者である蜀王の出自もこの族である。史書には、蚕叢・伯（原文は柏に作る）灌・魚鳧・杜宇及びその後の開明という五人の王のことが記されており、また、黄帝の子である昌意が蜀山氏の女性を娶り、その後に繁栄して蜀族が現れたことが記されている。これらは蜀族がもともと蜀山、即ち現在の岷江上流の岷山山脈一帯に居たことを示している。この地区は先秦時期以来、羌系の民族、即ちチベット・ビルマ語諸族の集住地となった。この故に蜀族の来源は羌系民族と関係があるのである」

この柏灌や魚鳧では鼈《すっぽん》を珍重したともいわれるが、ただしこの歴史研究は紀元前一五〇〇年までしか遡っておらず、この壷を解明するには関連資料の発掘も含めて更に二〇〇〇年遡らないと完全にはわからないのである。

現行の亀蛇気功の中の坐式の方法を紹介しよう。

(1) 亀蛇合気　亀と蛇が気を合わせる

6　玄蛇盤樹

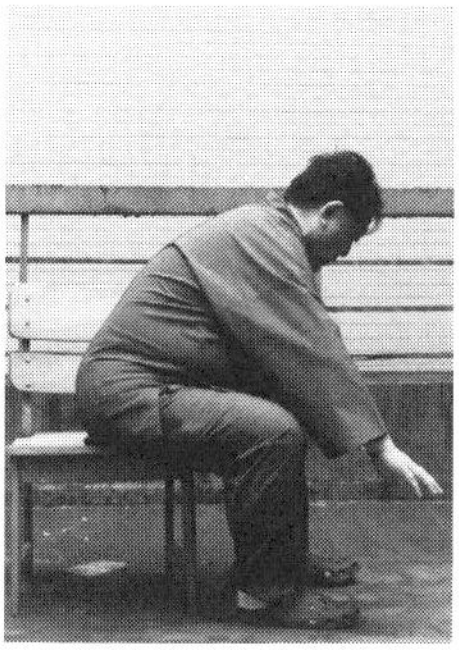
5　前後浪動

4　風擺荷葉

(2)　二龍戯珠　　二匹の龍が珠と戯れる
(3)　左右浪動　　左右に浪のように動く
(4)　風擺荷葉　　蓮の葉が風にゆれる
(5)　前後浪動　　前後に浪のように動く
(6)　玄蛇盤樹　　黒い蛇が樹にとぐろを巻く
(7)　怪奔翻身　　怪しいうわばみが身を翻す
(8)　霊亀戯水　　霊性のある亀が水と戯れる
(9)　神亀服気　　神性のある亀が気を服する
(10)　亀蛇伏気　　亀と蛇が気を伏せる

一番目と十番目に亀と蛇が両方出てくる。(2)から(7)までは蛇が主役である。(8)と(9)だけが亀である。五七〇〇年前の壷の絵というのはこの(9)の動作である。

(4)は亀でも蛇でもないように思えるが、(3)で体を左右に揺らし、(5)で前後に揺らす間に出てくるので、内容はただ背骨を右に回し、左に回すことだけであるから、蛇の動作の一連のものであることは明らかだ。

亀と蛇が気を合わせるというのは、気功用語としてはいろいろな意味があるが、

7　怪奔翻身

8　霊亀戯水

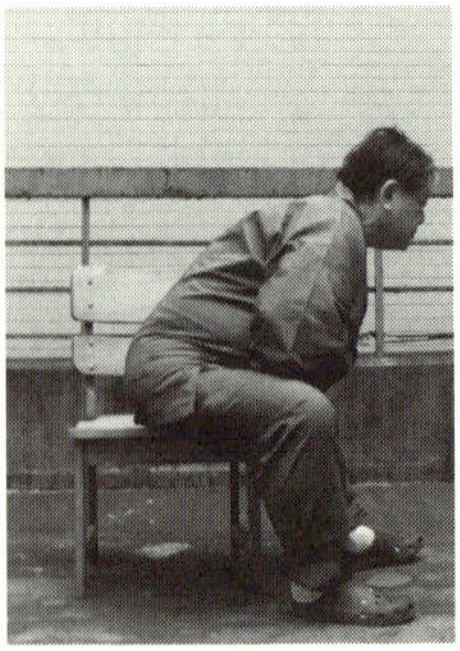

9　神亀服気

1 男性性と女性性を統一する
2 緊張とリラックスのバランスをよくする
3 意識と身体を調和させる

などのうち、ここでは3を指している。男性性は意識と結びつき、女性性は身体と結びついている。中国神話の最初に出てくるのは、男女が亀と蛇の姿をしていたという話である。伏羲と女媧と呼ばれる二人は、男の顔に亀の体と女の顔に蛇の姿をしていた。これは古代中国人の爬虫類が絶滅して人類が生き残った時に、自ら畸形化して自分を守った者たちだけが生き延びた先輩たちのイメージなのである。亀は自分の胸骨を外に出してその中に立てこもれるようにし、蛇は四本あった足（今も痕跡が残っている）を放棄して土にもぐれるようにした。亀と蛇への尊敬はそこに由来する。そして今もなお亀と蛇を真似てまで尊敬を表そうというのは、彼らの、とりわけて亀の呼吸が長いせいである。小さなイシガメでも一分間三呼吸というが、オオウミガメの場合一呼吸一二〇分である。長い呼吸をした方が心理的に安定し、脳の使い方を変えられると古代の人々が考えていた証拠はないが、実際に実践されてきたのである。

　西洋の理論のように、ランニングなどによって呼吸を速くするこ

10　亀蛇伏気

とで心臓が元気になり、血液循環にもいいとする立場と反対に、気功ではずっと昔から前頭葉の機能低下によって人間の脳はもっと全面的に開花すると考えられてきた。前頭葉だけを機能低下させようとするのがインドの瞑想法であるが、その瞑想法も動物の静止ポーズと結びつければ、より積極的に前頭葉を機能低下させながら脳を活性化することができる。しかし中国の瞑想法はほとんどが亀や蛇、さまざまな鳥、哺乳類などを真似して動作をしていく。さまざまな身振りを十分に体験したのちに静止状態になれば、それはいきなり「前頭葉を休める」だけにとどまらず、さまざまな各部分の脳を活性化し、脳の血液の不足部分に前頭葉の過剰な血液を回していくことができる。文字ができてから、といっていいのか知らないが、人間の教育は「前頭葉を鍛える」ことに向けられてきた。それ以外の脳を忘れ去ってきた。そして本当に希少なことに、人類の文化が「前進する前頭葉」だと大勢が考えるのに抗して、道教は「幼児に帰る」「農村に帰る」「動物と一体になる」ことで長いこと使われていない脳の各部分が時間遡行によって可能になると考えてきたのである。

　それは鎌田東二さんの翁童論と一致する。儒教は成長と成熟を重視するが、道教は人間は最初まっさらの鏡だったと考える。その鏡が大人になるにつれて汚れきって、何も映さなくなった。それを磨くことが「幼児回帰」である。それは無論再び童子そのものに帰るのではなく、幼児を真似ることによって、精神的な幼児性と再統合することだ。人の一生だけでなく、都会から農村への回帰、そして再統合も同じように大切な主題だ。人はどのように農村を真似るのか。時には「帰りなんいざ」と歌うことによってである。だが易筋経のあるセットには、すべての動作が農作業を真似るものがある。杵で臼をついたり、もみがらを風に飛ばしたりするのである。これは農村から出てきた青年が父親の年齢になった時に、「親父はなんであんなに元気だったのだろう」と振り返って、せめても農作業を真似してみることとして始まったのだろう。

だがそれが一番はっきりしているのが、「動物の真似」である。脳の中でも、さまざまな比重でそれを使い直すことができる。私たちが「人間の振り」だけをしているなら、前頭葉は常に加熱状態である。計算ドリルや書き取りをもっとさせて、脳をもっと加熱させようという人もいる。それは人間の振りではなくロボットの振りである。

私はよく気功教室で「窓から落ちそうになるとお尻がぞくっとするでしょう。あれは木の枝をたどっていた類人猿のころに、枝から落ちそうになると尻尾で枝を取ろうとした時代の痕跡なのですよ」といって笑わせる。実はこれはデズモンド・モリスの受け売りである。霊長類サル目の時代で使っていたが二足歩行をするようになって使わなくなった大脳新皮質は前頭葉の六倍堆積といわれている。だから肋木とか鉄棒とかを時間をかけてやっていると、新皮質の中のバランスは計算をするよりずっとよくなるのだ。

最近の脳研究によって確かめられてきたことだ。おおざっぱにいえば、新皮質の中でも「古い部分」を使った方が健康的だと考えられている。そして新皮質よりも旧皮質の大脳基底核を使った方が、もっと血液のバランスを変えられる。ここは新皮質形成以前の哺乳類の時代に使っていた脳なのだ。同様に、爬虫類の時代に使っていた辺縁系＝視床下部とか鳥の時代の主な脳だった小脳、魚の時代の主役である延髄は、実際にそこを動かしてみると、活性化してくる。延髄はプールで泳いだり（ただしスピードを意識するといけないようだ）水遊びをしていると活発になってくる。視床下部は私たちが蛇や亀の真似をすることで活発になる。鳥の真似とは、小脳の遊びなのだ。

脳は階層構造をもった一連の系列をなしている。進化の過程でたくさんの脳が作られた。その多くは海の中で暮らす過程で作られた。海の水と別れたのは爬虫類からだ。海から離脱する時に体の中に海が作られた。そして脳と中枢神経をその体内の水の中に入れた。それが脳髄液、脊髄液だ。その脳の系列の最初のものが、腔腸動物の時代の内臓神経節である。そこからすべてが始まったので、気功の歴史の中では「丹田」とよばれている。内臓神経節は今も機能していて、内臓諸器官と複雑な連携プレーをしている。日本医学会では毎年のようにこれを廻って報告があるほどだ。人間の体内ではさまざまな器官がある進化の段階で脳としての働きをしていたが、今はその多くは内分泌器官と呼ばれている。内臓神経節の上にさまざまの時代の脳＝内分泌器官が建てられ、背骨が作られ延髄ができ、やがて頭蓋骨の中のさまざまな脳が作られていくのだが、前頭葉はそれについて知識を持つことはできるが、決して実感として丹田に入り込むことはできないし、各級の脳の中でどんな作業がなされているのかを知り尽くすことはできない。だから、「脳とは腎臓の一部が異常発達したにすぎない」と中医学にいわれると「そうでしたか」と答える以外にないのである。

亀蛇気功に戻る。最初の静止状態の時にまずすることは、頭頂の百会と、性器と肛門の間の会陰とを開けることである。ということは、わたしの中に天と地が入ってくるということだ。ふだんからいつもそうなのだが、意識して開くことで、わたしの中の天地に自覚的になる。天地があって私がある、と意識すると、自然に背が伸びて、頭は遥か上から吊られたようになり、会陰、そして足裏中央部の涌泉から大地に引っ張られた感覚が生じてくる。

この天と一体になった感覚は、春秋戦国の時代には「天人相応」と呼ばれていた。シャーマニズムと初期の医学の中で、人体は自然界と深く関連していて、自然界の変化に従って変化すると考えられ、相応する理論が作られた。前漢になると董仲舒がこれを発展させて「天人感応」の説を立てた。それによれば、空の星の変化が国家の盛衰や人の吉凶を意味したり、逆に人の道徳の有る無しが影響して天文が変化するとした。三才が一致するとは、自然と人とが対応し合っていることをいう。

三才	自然			人体		
	形状	散気	三部	三部	散気	形状
上	山川	雷気	天	頭	心	六経
中	大海	穀気	人	五臓	脾	脾胃
下	水中の気	雨気	地	足	腎	九竅

通常「天」は現象として、雲や雨や夕焼けとして感性的に捉えられるか、天帝のいるある本質において理屈として捉えるかのどちらかである。気功では天と頭は対応しているのだから、天は見るものでも考えるものでもなく、体験するものである。つまり、百会が開いて天が入ってくるといわれたら、その「振り」をしてみると、内部で何が起こるだろうと考えるのである。

そのようにして天と地の間にいる自分を実感したあとは、私の中にずっと天人地がある。気功の中には天地をあまり考えないものもあるし、天地を当然に伴っていてもいわない場合もある。だが大部分の気功が天地の間で振る舞っているのである。

それをもう一度強く意識するのが

⑹ 玄蛇盤樹　黒い蛇が樹にとぐろを巻く

の時だ。右手を腰に回し、左手を高く上げて折り、反対の耳の先をつまむのだが、そのまま右に前屈していって、可能なら本来は反対足の踵を通して、地中深くを見ていく。むろん「見たつもり」である。岩盤の底まで降りる。さすがにマグマの中には入らない。そこに小さな池があり、小さな魚が泳いでいる。それを見届けて、また上がってくる。エレベーターのようなものを想像してもよい。地上に出てそのまま上昇し、九天の彼方に登っていく。顔は右を向いたままで顎が上がっていく。またしても「突き抜けたつもり」である。正面を向いて、ゆっくり掌を下に向けて下ろしてきて、へそまで下ろす。これを「外導内行」という。気が頭に上がっているから、おなかに下ろしてくるのである。そして右手でもする。何度か繰り返しても構わないが、あまり激しく上下すると疲労するから程々にする。

最後の「亀蛇伏気」でもう一度あらためて環境の気と対話する。「気を伏せる」とは冬眠のことである。動いてきたときは気を外に出していた。それをしまいこんで、体内に蓄えるのが「伏気」である。動作はなく、じっと両手をおなかに当てたままか、膝に置いたままである。そしてイメージで、投網を投げるように、部屋全体に広げて、外に広がって豊かになった自分の気を回収してくる。この時に天からも地からも樹木があればそれからも、「すべて私であるような自然」を私の体内に取り込んでくる。

三、四度でそれは終えて、今度は頭や手足に広がっている気をおなかに集める。おなかの中には無尽蔵の気の倉庫がある。私は亀や蛇を真似ることを通じて、天地と一体になり、天地の気をもらい、また何がしか天地に与えるのである。

外丹功と太極の哲学

外丹功は張宇先生によって編集された。内丹功と対になっている。外丹功は四肢全身を動かして環境と一体になっていくものだが、内丹功は坐ったまま、自己の内臓や心の中に深く入っていく。環境の気功としては外丹功が究極のものである。

外丹功と内丹功は張宇先生の師だった趙光先生から受け継いだものである。趙光先生の外丹功はただ両手を二拍子の指揮をするように自由に動かしていくだけのものだったし、内丹功ときたら「わしのおなかにさわってごらん」と内部で玉が回転しているのを見せるだけだったので、張宇先生が初心者でも順にやっていけるようにほどいてみせたのが、張宇外丹功であり内丹功だった。張宇先生が習ってきた呉式太極拳や、郭林気功のとくに静功や楊梅君の大雁功もまたその中に統合されている。

張宇外丹功は環境と対話し、環境に成り、自分が環境を変化させ、環境がまた自分を変化させる体験をする気功である。

その基礎的なからだの文法を、太極拳から取ってきている。太極拳は「敵と戦う」ことを環境問題として捉える。両手を向き合わせて「太極」を作る動作は古代にはない。それは近世に武当山で発見された。両手の間に玉を抱いて、それを自在に変化させていく。玉は縮小も拡大もし、自在に回転する。基本的には「敵」はその玉より内部には入れない。相手に力を出させ、それを変化させて、自分が傷つけられずに相手が戦えないように制していく。相手を叩きのめす他の（内功武術以外の）中国武術とは全く違う段階に進化したのである。この「敵」との間の気を変化させる技法は、「敵」を「患者」として理解すれば、広い意味では病気治療の一部である。実際に人を襲いたいというのは病気でしかないからだ。戦意を喪失させれば治療できたということである。しかしそこに留まらず、「敵」や「患者」をも「私の環境」として考える。そして同じ方法で樹木と向き合えば樹林気功になり、異性と向き合えば房中気功になり、天地日月と向き合えば環境気功になるのである。

この太極の気を中医学では衛気という。からだの表層には営気《えいき》と衛気（区別するために「えき」と読む）がある。中医学では「衛気は下焦から出ず」といわれるように、大腸や肛門、性器などから生じ、中焦（胃や肝臓）で満たされ、上焦まで行って肺で作られる気と合体し、強まり、上丹田（松果体）のコントロールを受けるようになる。こうして衛気が練られてくると、「気の場」が形成されてくる。これは客観的な場で意識でコントロールしようと思っても難しい。自己コントロールが高まってくると、自然に環境と人体が高次元の対話を始めるといったらいいだろうか。

内丹の言葉は『楚辞』の中に最初に出てくる。行気玉佩銘で始めて内丹の形成過程が語られる。道家の内部でそれは発展し、医療にも応用される。しかし医療で使われる大周天・小周天はその名を「借りた」ものにすぎず、督脈・任脈に気が流れるように「想像する」ものであり、現代の気功でも大部分はそうである。つまり、こうした大小周天では、意識して気をめぐらせようとしているだけで、内発的な先天の気の動きとは関係がない。この時期には気功の中では内丹とこの意味での外丹の区別はまだ明確でない。

外丹功は武当山で太極拳が形成された際に、攻撃技を伴わない太極の思想を生かした養生流派が同時に生じて、内丹功と外丹功が分離して練功されるようになった。武当派は道教の流れであるが、チベット密教の影響を強く受けた峨眉派との交流があり、上丹田の訓練という要素が加わった。しかし要点はただ「球を感じ、球を練って体の中に入れてくる」だけのことなのである。

外丹功は天と地に身をゆだねることから始まるが、とくに吊頂式といって天から引っ張られるように全身をストレッチしていくことをする。そのあと、あやつり人形のように腕を持ち上げては脱力して落とす動作を繰り返すが、これは「私は自分の筋肉だけで動いているわけではない」ことを体にいい聞かせていくプロセスである。そのあと全身を軽く叩く。リラックスと活性化のためだが、「人形振り」の感覚は続いていく。

しばらくは準備の形である。首をがくりと落とし、膝の動きで首を上下に弾ませていく。ゆっくりと頭を回す。肩を落としたり、回したりの亀形、顎を出して回す鳥形、背骨をくねらせて片手ずつ上下させる龍形などがある。人形振りから動物模倣へ、そして不定形の気の動きへと変化していく。ていねいにやれば準備動作だけで三〇分。そしてここからあとの「正功」が標準で三〇分。途中に自由動功、自然動功、自発動功の部分があるのだが、そこは簡単にやることもできるし、それだけで二〇分、四〇分としていくこともできる。

準備の中では、人形になったり動物になったり次第に私自身から遠ざかっていく。私が私でなくなっていく。準備の最後に「旋転立円」「開胯活腰」の二つの動作が入るが、これは、できる人は自発動でやることを求められる。自発動は内部からの動きであり、「無私」の動作である。「私は私のコントロールで動く」という思い込みからの解放を、「無私」の動きと仮に呼んでいる。旋転立円では命門（へその真裏）とへそに気を通していくのだが、その動きが発展してこのへそ―命門の軸を中心にした縦の円が誘導されてくる。繰り返していくうちに、「私」が欲しているのか「無私の何ものか」が欲しているのかわからなくなる。一回ごとにそれは変化し、やがて「私が許可しているが無私が動いている」という実感が強まってくる。「開胯滑腰」ではそれが水平の円になる。そうすると、もう私が動くのでなく、私の中で「環境」が動く準備が整ってくる。

正功は全身のゆったりした上下動から始まる。両手に球を持って、水中にいるようにふわふわと動いてみる。あるいは月面にいるように。一気に世界が広がって、私の周りの天地の全体が目に入る。両手を外開きに一回回すごとに、地球の外へ、銀河系の外へ、たくさんの外宇宙へ、遠ざかっていく私がいる。ちっぽけな私はもとの所にもとのサイズで居るはずなのだが、大きくなっていくのも私自身だ。星々をこの両手に抱いている。銀河を浴びる。しばしその大きさを味わい、また小さくなっていく。両手の間にある宇宙も縮んでいく。私のサイズに戻った時に両手の間に「太極の球」がある。「太極の球」は昇降し開合するが、その中にさまざまな宇宙を映している。周りの山や森を、太陽や月を、人々を、愛する人や「敵」を、結局は私自身でもある社会を、なんでも映し出す。それは外部の実際のイメージのこともあるし、内部のイメージでもありうる。ここにないものと一緒に気功をする。ここで三円功が出てくる。地球儀を子午線、子午線と九〇度ずれたタテの線、赤道の水平線の三方向に

気を動かすことを三円功という。禅密功の場合は三円功はおなかの中のことである。おなかの中で縦に回し、横に回し、水平にも回してそれぞれの反対回しも含めて六方向に回す。焦国瑞の三円功の場合は体の前に両手で球を抱いて、縦に回し、横に回し、水平にも回す。張宇外丹功の三円功の場合は自分がすっぽり中に入って、足元から頭の上で円を一つ、ウエストの高さでなるべく遠くに回して一つ、そして右脇から頭の上へ行き左前に落とす、その反対、という円を一つと、三つの動きを標準では三回ずつ繰り返していく（写真①②③）。このあとまだ全身の気を通すための動きがあり、二九の動作を順にしていくのだが、今普通に簡単にやる場合は、ここから自由な動きに入っていく。自由動功は自由に動くが、意識して身体を動かしていく。自発動功は意識のコントロールを離れて、自律神経系の動きに従う。自然動功はその中間で、環境の気を感じ取るままに動いていく。この三つの概念、自由動功と自然動功と自発動功（と更に功法には属さない病理としての自発動）を明確に区別し、その連関を明らかにする考えは張宇外丹功にしかない。

自然動功、自発動功は自分の意識を越えて身体が環境になり、環境が身体になる境地である。環境が悪い時、嵐の時や雷の時はあえて気功をしないというのが普通の常識であるけれども、この気功は熟練してきたら、悪天候でやって構わない。悪天候もまた「私」だからだ。道教の宋の時代の主流だった神宵派（今は台湾に伝わる道教の主流）では、人が雷に打たれることを解脱の最高の機会とした。

外丹にはもともと「外部世界に丹を求める」意味があった。先に述べた外丹は環境気功の意味だったが、本来は外部環境に働きかけることをいい、それの類推として内丹が作られたのだ。この外丹の思想は古くからあった。権力者がすべての欲望を満たした後で、それ以上に求めるものは不老長生しかなかったからだ。丹砂、水銀、鉛、金などを薬として使えば長生きするのではあるまいか。むろんその試みはすべて失敗した。外丹は非常に難解な隠語にあふれていたが、その理由は無理な薬を作ることを通じて化学を発展させたいという古代の科学者たちの狙いを隠すためだった。そして不老長生薬、つまり外部環境を取り入れることによっては無理だから、体内にその薬を育てることの方が合理的ではあるまいかと考えた。それが内丹である。東漢の魏伯陽の『周易参同契』が外丹から内丹への転換を切り開いた。大部分外丹の炉、鼎などの用語を内部で起こっていることに意味転換して用いたので、外丹の本としても読めるが、内丹の本としても読めるという難解な本だった。この本が完全に読み解かれるには、宋代の張伯端の『悟真篇』を待たなければならなかった。そして図式的にいえば、外丹は二つに分かれた。ひとつはその後医学の中に組み込まれた丹学である。もうひとつは気功実践の中の環境気功＝外丹功である。

外丹功にとって、外部環境はまず広義の宇宙空間として存在する。太陽や月も、銀河系も含んでいる。

それは「易」で体験されるような「天と私の一体性」である。易とは本来「変化」のことであり、『易経』はA Book of Changeと英訳される。外部環境は二番目には「風水」的地理的外部世界のことである。山があり海があり、川や岩や森がある。立ち木があり、小鳥がいて、さまざまな動物や虫たちや植物や細菌がいる。とくに樹木を意識してそれと一体になっていく気功を樹林気功と呼んでいる。易は時間の変化と結びついており、風水は空間の変化と結びついている。宇宙の宇は時間の変化、宙は空間の変化のことである。三番目の外部環境は社会環境のことである。国家や都市といったものがあり、企業に属していれば会社といった環境がある。自分で参加するさまざまな場がある。国家や都市や企業とどう関わるかという気功はまだ理論化されていないが、当然要求されてくるだろう。古来研究されてきたのは、医師として患者とどう向き合っていくかという治療気功と、男女が気功的な関係を結ぶにはどうするかという房中気功の二つの領域である。

それに対して主体の側がどう関わっていくか。客観世界に関わっていくのが外丹功である。厳密に分けるなら、客観世界を客観世界のまま探求していく「科学的」対応と、客観世界に知識と想像力で入って一体になっていく「気功的」対応とがある。宇宙空間とも風水的地理とも社会的人間関係とも、「科学的」に関わる場合と「気功的」に関わる場合とがある。

一方で、主観的な関わりがある。私の内部へ入っていく。これも「科学的」な入り方と「気功的」な入り方がある。「科学的」な入り方は、解剖学的な入り方と、心理学的な入り方に分かれている。「気功的」な入り方は、「守一」（意識と身体が一体になる状態を続ける）であり、「内探」（生きたまま解剖体験をたどる＝存思）である。内丹功はこれに属しており、その内部には身体導引、身体放松、排出濁気、

内臓放松（六字訣）、経気導引、収功、気功按摩の七部門がある。まとめていうと

客観世界	宇宙的現実・自然環境1	科学的アプローチと気功的アプローチ
	風水的現実・自然環境2	科学的アプローチと気功的アプローチ
	社会的現実・社会環境	科学的アプローチと気功的アプローチ
	治療的関係	
	房中的関係	
	健康のための気功	
主観世界	解剖学的現実	科学的アプローチと守一・内探
	心理学的現実	科学的アプローチと守一・内探

これら一〇個の見え方を「私の身体」が統一しているということができる。気功と中医学の伝統の中では、科学的なアプローチは「外求法」と呼ばれ、気功的なアプローチは「内求法」と呼ばれている。

『気功と環境』からの歩み

大気功観という言葉は張宇先生からもらった。私が一九九〇年代の初めから形成していた前述のような気功観をどのように呼ぶか判らないでいる時に、ロサンゼルス郊外のパサデナのパンケーキ屋で初めてその話をした。「自分の一身に関わる気功は小気功だ。病気を治したい、健康になりたいとい

うのは小気功だ。もちろんそれに価値がないわけではない。あなたが構想しているような気功は大気功だ。それは老子孔子以来ずっと語られてきたが、あなたのように易や風水を含めて、人類全体の宇宙的覚醒をはっきりと目的にしたことはなかった。中気功は観気旅行だ。あなたと私で始めた世界の聖地を歩いていく旅を連続的に組織していくことで、気功を環境の中で習い、伝統的な聖地を再活性化させる新しい事業が始まった」と整理してくれたのである。

私は李遠国氏が来日した時に、この話をした。李氏は四川社会科学院の哲学研究所長で、のち二〇〇〇年から日本の気功文化研究所の副所長になってもらった人である。彼はすぐに反応して「大気功の雑誌を出そう。津村のような気功観を持つ人を集めて形にしよう。編集は成都で態勢を作る」といってくれた。「雑誌の売り上げでペイするとは思えないから、日本で金を作る」と私は約束した。いろいろな人の協力を仰いだが、私自身の二年間の収入をほぼつぎ込んだ。

今私の本棚には『気功と環境・創刊号』日本語版が一冊だけ残っている。ある大学の先生が学生たちにもつきあわせて、一冊分ボランティアで訳してくれた。その後の号はとても続かなかった。中国では気功関係者と環境運動の関係者に配った。

創刊号に李遠国氏が書いた「大気功観」という文章から引く。

「伝統的な狭義の気功と異なり、大気功観は自己の健康や延命を中心とした狭い枠を飛び越えて、新生命運動という大きな視点から世界を観察し、心身、健康、人生、社会、文化、環境、宇宙といった諸方面から人類と地球が共に直面している難題を考え、解決しようとするものである。大気功観が追求しているのは、個人的な健康や長寿だけではなく、気功運動の推進を通して性（天から与えられた本性）と命（天から与えられた寿命）を共に修め共に全うすることによって、人と社会、人と自然が完全に調和のとれた状態に到達することである。この大気功観の目指す調和には四種あり、一つ目は心と身体の調和、二つ目は人間関係の調和、三つ目は人と社会の調和、四つ目は人と自然の調和である。心身合一・天人同運という完全な状態に達してのみ、人類と地球は渾然一体になって進化してゆくことができるのである」

この背後には李遠国氏の体験があった。彼はかつて道教神宵派を研究した時に「雷に打たれて覚醒する」方法があることを知り、その機会をずっと求めていた。四川で雷に遭った時に、古来の儀式をして待ち受けていたところ雷光が自分を貫通したにもかかわらず、生きているという体験をした。精神的にも様々な達成があり、彼の道教研究はそれまでのブッキッシュなものから全身参加型になっていった。これに次ぐ体験を天河神社の弥山の山頂に上がった時にした。彼は「お母さんが泣いているのに気づいた」と表現した。「あれは地球の姿だったんだろうと思う。このままでは一緒に滅んでいくだけなのねと泣いていた」。その体験をした直後に、私は千里の広い芝生の上で「雑誌を出さないか」という相談をしたのである。

「内部環境と外部環境を共に改善するためには、まず依然として支配的な地位を占めている西洋の天人対立観を否定し、東洋の伝統的な天人合一観を回復しなくてはならない。人間と自然の関係についていえば、東洋哲学に於ける「道法自然（道は自然にのっとる）」「無為にして治まる」といった原則こそが、人類社会の発展のために、新しい歴史条件の下での新しい精神的要素として付け加えられるべきなのである。いわゆる「無為」とは何もしないということではなく、「自然に反する活動は行わない」ということである。外部環境と内部環境が程よく調和した無為の状態にあって初めて、人間は正常な生存を獲得できるのである。つまり人類が自覚的に「万物のあるがままの自然を大切にして、無理に手を加えたりしない」（万物の自然を輔けて、あえて為さず。『老子』六四章）でいればいるほど、良好な生体環境が保たれ、持続的な発展することができるのである」。

環境科学には自然科学の分野に属する環境地理学、環境化学、環境生物学、環境物理学、環境工学、環境生態学、環境医学や社会科学の分野の環境管理学、環境経済学、環境法学などがあるが、とくに立ち後れているのは「哲学、宗教学、史学、美学、倫理学、心理学、音楽、芸術などの方面から人間と自然の関係を考察する」という課題である。これを統合したものを「大環境観」と呼んでいる。

この文章で李遠国氏は気功を三つの発展段階に分けている。

1 伝統気功　仏教や道教の教えに基づいた仙人修行の手段
2 現代気功　人間の身体的強壮と知能開発の手段
3 大気功　新たな歴史的条件の下で生まれた新生命運動

そして、私の言葉を引用して結びとしている。

「伝統気功も現代気功も所詮は小乗気功に過ぎず、大乗気功と呼べるのは自分の健康や運命が人類や地球と緊密な関係を持つ大気功のみである。なぜなら、大気功はもはや一つの手段、あるいは技能であるだけでなく、一つの斬新な生活スタイルであり、希望に満ちた世界観であり、活力を秘めた新生命運動であるからである」

『気功と環境』創刊号（一九九三年六月一〇日）は、こんな内容である。

創刊の言葉　新しい世界観、新しい健康生活のために　李遠国
大気功観　朱小豊
中国医学と東方環境観
風水・天地の気と人体の気との和合の芸術　周軍
丹功秘法・興陽の治療　王慶余
陰陽昇降開合功
丹功秘法・玄門太極長生功　太乙散人
丹功秘法・眩静功・B型肝炎に不思議な治療効果がある功法　羅禅
因物象形法　李兆生・李淑珍
東方医学・玄門四大丹（1）　張覚人
シャマニズムの病気治療と医学気功　漆浩
神秘主義文化・人類の自由と永遠への飽くなき追求　史波
日本の一大気功潮流・日本関西気功協会の簡単な紹介　茹楊

どれひとつとってても今の基準からしてもレベルが高い。『中国養生術の神秘／医術・巫術・気功』の訳書のある漆浩氏の論文の項目だけ紹介するが

1シャマニズムのトーテム信仰は医学気功の模倣功法の形成の根拠である
2シャマニズムの中の鬼神崇拝は医学気功の中の「存思」法の基礎である
3シャマニズムの駆邪説は医学気功における去邪気功法の根拠である

4シャマニズムの中の天人感応観は医学気功の感応説、外気説、服気説の根拠である
5シャマニズムの原始陰陽五行学説は医学気功の房中導引及び五臓練気法の根拠である。
6シャマニズムの治療法は医学気功の効果とそれにともなう作用を高める
という中身である。これは気功と中医学の源流についての貴重な考察だった。

私たちは成都や北京で何度かにわたって気功の立場から環境問題を考える集まりを持ったが、今から振り返ると、いかにも早すぎたという観は拭えない。四川省のゴミ処理にEM菌を持ち込んで無償で提供し、試してもらったりしたが、その後の行政に生かされた気配はない。結局大気汚染がとことん進み、川が汚れに汚れ、ゴミ捨て場があふれ、自動車の大渋滞が全土の都市に及ぶまでは、こうしたことは空念仏でしかなかった。そして私が気功を伝える中でも、大気功を論議する機会はほとんどなく、ただ健康気功について語るだけである。もう一度、やりなおしてみることにしよう。

「この木を伐ったらたたるぞよ」——現代に生きる環境への信頼と〈アニミズム〉

大石高典

はじめに

樹木が語り出したり、動物と笑いあったり、石ころに微笑まれたりする、そんな経験はないだろうか。この小論では、私にとってそんな感覚が生まれる具体的な場所の一つを取り上げてみたい。

私が住む京都市左京区には、いくつか歴史のある植物園がある。京都で植物園と言えば京都府立植物園を思い浮かべる人が多いだろう。しかし、地域の人々の生活の中に溶け込みながら、息をひそめて存在してきたかのような植物園もある。通称「京大植物園」こと京都大学理学部植物園である。大正一二年に、生態植物園として植物学者・郡場寛によって構想され、九十余年を経て、放任主義の方針のもとに多様な生物のすみかとして独特の景観を形作ってきた。

この植物園で、二〇〇三年にある事件が起きた。京都大学は「環境整備」を目的として、園内の樹木の大がかりな伐採を計画していた。背景には国立大学の法人化があり、経営者としての大学が植物園をみたときに、その維持にかかるコストを減らさざるをえないという経済的な事情や、土地資源として植物園の敷地をどう有効利用するかといった運営上の事情があったようだ。しかし、問題は植物園の利用者や関係者への周知や説明がなされることなく伐採が行われようとしていたことである。委託を受けた造園業者によってその伐採作業がまさに行われようとした二〇〇二年一一月七日当日の朝、作業員が伐採予定の大径樹木数本にくくり付けられた張り紙を見つけた。その張り紙には次のように書かれていた。

「この木を伐ったらたたたるぞよ」

何者かによって書かれたこの張り紙は波紋を呼び、伐採は一旦中断された。いったい誰がこの張り紙を樹木に張り付けたのか。犯人捜しはエスカレートし、筆跡鑑定が行われるほどであった。当時植物園で働いていた園丁（庭師）の一人は、かねてより伐採計画に疑義を述べていたことからやり玉に挙げられ、彼の雇用問題に発展した。しかし、このことは、なぜ「環境整備」の名目で樹木が切られねばならないのかという疑問を多くの人に投げかけ、大学の対応に疑問を感じた大学教職員、学生、周辺住民有志によって「京大植物園を考える会」[1]が立ち上げられ、問題はさらに広く知られるようになった。当時理学研究科の現役大学院生だった私もまた、この会の活動に途中から参加することになった。[2]アフリカでの研究のための海外渡航の合間を縫ってではあったが、以来賛同者として活動してきた。

樹木伐採を知った京都市左京区在住の映像作家である山下信子氏は、抗議する立場から作業の一部始終を小型ビデオカメラで撮影し、『BOTANICAL GARDENにて』という作品にまとめた（図１）。張り紙事件の数日後に現場を訪れた氏によれば、張り紙を見た造園業者は、「むかーっとしていた」という。木を伐る仕事には危険が付きまとう。「問題がある樹木を伐りたくない」「木を伐るのに反対なら、なぜ出てこないのか、卑怯である」とも言っていたという。彼らのなかには山仕事に慣れた山林労務者の親子も含まれていて、「ちゃんとした木をちゃんとした理由で切る」のが本来の自分たちの仕事であるのに、「問題がある樹木を伐るのは不本意なことだ」と主張した。樹木一本一本への敬意を払った作業の過程を見るなかで、山下氏は彼らのことを「樵《きこり》さん」と呼び、撮影を続けるうちに、矛盾を感じつつも伐採を進める樵さんの姿勢にむしろ共感を覚えるようになっていったと言う。

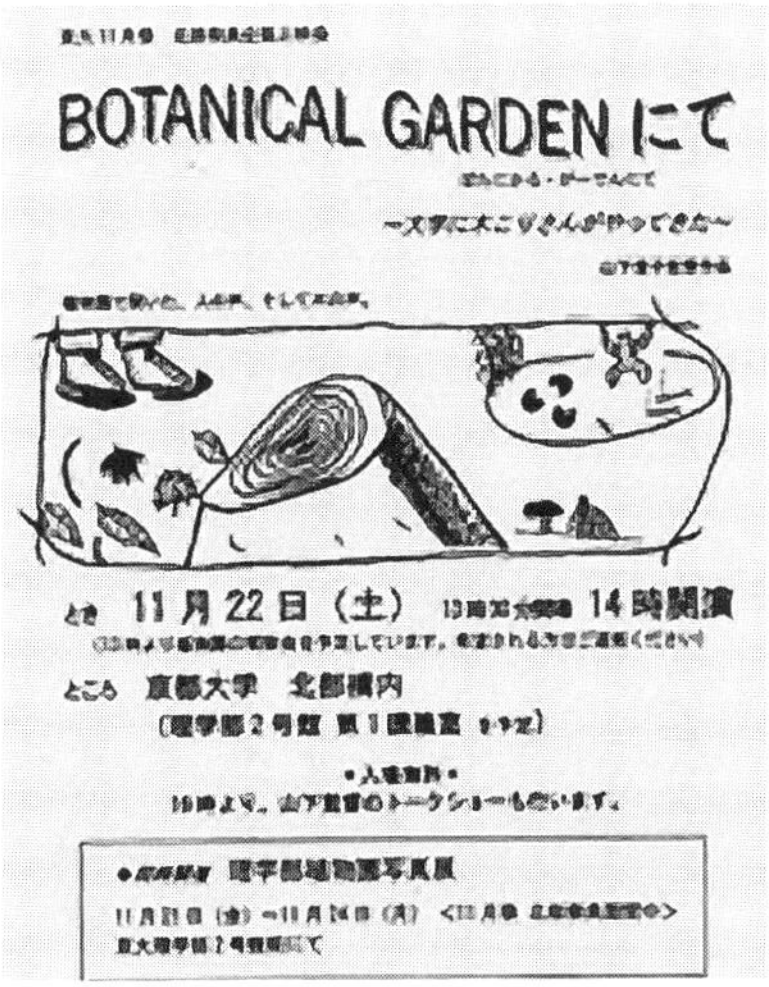

図１　2003年11月には、植物園における樹木伐採の様子を記録した映像作品『BOTANICAL GARDENにて』の上映会が行われた。

　こうして、木を伐ったら「たたる」という到底「非科学的」な言説が、大学植物園における樹木伐採問題を身近な環境問題として社会化させることとなり、結果的に伐採計画は規模が大幅に縮小されるに至った。なぜ、「この木を伐ったらたたるぞよ」という貼り紙が、樹木伐採を引き受けた樵さんの手を止め、それを計画した管理者である大学教官たちの心に響いたのか。どうして、木を伐ったら「たたられる」という論理が迫力を持ち得たのか。霊魂あるものを敬い、畏れる心性をカミ観念だとしよう。そうだとすれば、樹木に「たたられる」という発想は、樹木にカミの世界につながる霊魂が宿っている、という考えがなければ理解できない。樹木だけでなく、ありとあらゆる万物の内にアニマ[3]が宿っている、精霊あるいは霊魂が宿っているという考え方をアニミズムという。[4] このような生命観に真っ向から対立する考え方の例として、ドーキンスによる利己的遺伝子論が挙げられる。[5] ドーキンスは、生物とは遺伝子の乗り物に過ぎないと捉え、遺伝情報の継承のための「生存機械」であると断じた。京大植物園は、樹木伐採事件を通して、このような真っ向から対立するかのような生命観がぶつかり合う場となった。この章では、京大植物園での出来事を手掛かりにして、身近に顕れて来たアニミズムの現代的な意味について改めて考えてみたい。

一　生態植物園の生物多様性——ミクロコスモスの生成

1　「生態植物園」の理念

植物園を環境整備することが、そこに棲む生き物にとってどんなことを意味するのか。これを理解するには、そもそも、（一）京大植物園[6]という個別具体的な場所にどんな生き物が棲んでいて、（二）それらの生き物が環境とどんな関係にあったのか、を理解することが必要になる。そのためには植物園がどのようにしてできてきたのかという成り立ちについて知っておくことが重要である。植物園は、近代植物学の教育・研究を目的に「生態植物園」として構想された。今村彰生は、「京都大学理学部附属植物園の管理運営方針に関する提案」[7]の中で、京大植物園の設計コンセプトと生物相の特徴を、以下のようにまとめている。

「京大植物園の成り立ちと現存する生物群

京大植物園は設立当初、「植物園を単に珍しい植物を集めた栽培園ではなく生態学的特色をもったものにしようとの構想のもとに建設を進めた」という沿革[8]の記述にもあるように、生態植物園（「植物学」園）として建設された。系統分類学をもふまえて植物が国内外から集められ、面積的には二ha弱と小さいなかにも疎水の水を引き、水路や池、ヒカリゴケも培養された洞穴をも有するなどの特色をもった植物園としてこれまで維持管理されてきた。しかし一方で一九二三年四月の設立から八〇年を経て、園内に現在生育する植物も死滅や加入によって設立当初とは異なる様相を呈している事も事実である。現状は以下の三つの植物群に整理できる。

A）現地採集も含め、意図的に導入され来歴の確かなもの、B）導入されたとされるが来歴の不確かなもの、C）人為とは無関係に園内に加入したもの。A）に関してはまさに植物園の設立理念を反映している植物群であり、B）に関しても理念に沿った導入であったと思われるが不幸にして記録がなくなってしまったものである。

A）の中には占領下の台湾やネパール・ヒマラヤといった地域から持ち込まれた木本の種が数多く、マツ科針葉樹やブナ科のカシ類、ツバキ類、チャンチンモドキ（ウルシ科）、といった植物地理学における日華植物区系暖帯亜区系の日鮮暖帯区・華中区[9]に属する植物群がとくに充実している。C）に関しては、一見管理の放棄の結果と受け取れるが、三〇年前に紀要[10]（一九七三）が書かれた直前、植物園のある北白川氾濫原[11]の植生の構成種であるエノキ、ムクノキ（ともにニレ科）といった樹種の択伐[12]が行われており（村田源、元京都大学講師談）、植物園としては設立理念に沿った維持管理の影響下にあったといえる。紀要が発表されて以後植物園内の生物に関する包括的なリストは公表されていないが、木本性植物だけでも五〇〇種一〇〇〇本に及ぶと言われている。またC）には多くの草本を含むが、これらは研究課題に応じた部分的な下草刈りによって管理されながら林床を適度に覆い、安定した環境を創出してきたといえる。[13]」

植物園は、田圃から造成して作られた。植物園の南西部からは北白川追分町遺跡という縄文遺跡が見つかっている。造成時には、田圃のなかの近世時代の地層から大量のお地蔵さんのような石が多数出土し、その一部は植物園の築山の頂上付近にストーン・サークルのように丸く並べられている。北白川地域は、洛中から比叡山へ向かう志賀越えのルート上に位置する。これらの地蔵の存在から、古道の一つが植物園の中を通っていたのではないかという説もある。植物園はまた、第一次世界大戦後の日本の近代生物学史を反映した場所だともいえる。植物園は、大正時代に留学から帰ってきたばかりの郡場寛教授によって設計され、設立後は中国や朝鮮半島をはじめとする東アジア各地から大興安嶺や朝鮮半島における学術探検活動によって集められた珍しい植物が植栽された。それらの多くは既に枯死しているが、中国原産のイヌカラマツ（マツ科イヌカラマツ属）のように現在まで生き延びているものもある。さらに一九五〇～七〇年代にかけて準備・刊行された日本で初めての植物図鑑である『原色日本植物図鑑（草本三巻、木本二巻）』（保育社）の制作プロセスでは、日本全国から植物標本が集められたが、乾燥標本と対になって採集された生きた植物の一部はこの植物園に植栽された。植物園の植物相は、造成から九〇年が経過しているが自然植生とは言えない。周辺の森や緑地から風や鳥によって種子散布される植物と混じり合って、独特の景観がかたちづくられてきた（図2）。生態植物園という方針のもとで、過度な干渉を避けて最小限の手入れがなされることによって成立した擬似的な自然環境であり、原生的ではないけれども自然のプロセスを一部再現していると考えられる。[14] そして、二〇〇〇年代に入って

図２　植物園用地の造成時（上）（大正 12 年ごろ。建設中の理学部附属植物園内より東北方比叡山方面をのぞむ）と現在の植物園の景観（下）（2014 年 8 月、筆者撮影）。

分子生物学が隆盛となった。分子生物学は、生き物の身体の物質的基盤や遺伝情報を主に扱い、必ずしも植物の生活全体を見る必要はない。そういった個体以上の生命現象を扱う分野よりも、細胞より小さい規模の生物現象をあつかう分野が時代の隆盛となってゆくなかで、樹木伐採問題が持ち上がったのである。[15]

2 植物園観察会——実践をとおして生物多様性が語りだす

二〇〇三年に樹木伐採問題が起こってから二〇一一年までに、「植物園を考える会」によって一〇〇回あまりの植物園観察会が行われた。植物園の価値はそこに棲息する生き物の極めて多様な生きざまそのものの中にあり、その面白さを再確認し、分かち合うことから始めようという意図がそこにはあった。毎月一回、季節や植物園のなかの生き物にテーマを設定し、植物園と関わりのある案内人が参加者とともに植物園の中を歩くことを実践した。観察会は研究者や学生・教職員・市民の立場を問わず、植物園に棲む動物や植物を媒介とした学び合いの場となった。参加回数一〇回以上のリピーターが参加者の多くを占めた。これは、観察会が文化として地域に根付いていたことを物語る。

一方、観察会の継続の中では、市民が大学に対して感じている壁を思い知らされることもあった。観察会リピーターであったある地域住民は、数十年以上大学の近くに住んでいるが、大学キャンパスの中に入りこんだのは観察会が初めてだと述懐した。門をくぐった瞬間に冷たい風に平手打ちを食らうような感じがして、近づきがたいのだと言う。植物園の方はどうですか、と尋ねると「ここは良い雰囲気ですね、なんだかくつろげる」という答えが返ってきた。観察会の参加者のつながりから、植物園が、予想以上に多くの人がさまざまな目的で足を運ぶ場所であるということもわかってきた。例えば、詩歌を詠む人々。植物園の近所に長年住まわれている浅香すみ子さんは、植物園をいくつもの俳句にされてきたし、当時京都大学総長だった尾池和夫さんも植物園を身近な吟行の場とされていた。観察会の一環として植物園で行われた句会は、その後第四次「京大俳句会」の復活へとつながってゆくこととなる。

観察会のスタイルやテーマは実に多岐に及んだ。最も多いのは季節ごとの生物の生活を観察することを基本に、ガイド役となる研究者や学生が、動植物に関する最新の研究成果を目の前の生き物を材料に解説するという形式のもので、例えば西田隆義さんの観察会では、大学のキャンパスの中でタンポポの在来種であるカンサイタンポポが密に見られるのは植物園周辺だけであることを学んだ。さらに、観察会への参加者の中からガイド役を買ってでる人が現れるようになった。例えば、有元高太さんによる「染料をさがそう」では染色家の目で植物園の植物や地衣類を見なおした。ふだん目に見えない植物園の維持作業をテーマにした観察会も行われた。園丁（当時）の中島和秀さんを中心に、冬場に行われる植物園の池のなかのコウホネの剪定作業の実演と地下茎の観察が行われたり、落ち葉を使って毎年つくられている堆肥づくりが紹介された。

観察会が行われるなかで、生命観の相違が感じられることもあった。例えば動植物の「いのち」や「こころ」についてどう考えるか。植物園を「トトロの森」に見立ててブナ科ゾーンを見学する観察会は人気であった。一方で、観察会はあくまで科学知に基づいた「正しい自然」についての知識を一般に伝える場であるべきだと考える関係者もいた。しかしながら、まったく異なる自然の見方や切り口を

46	シダの多様な生活（瀬尾明弘）
47	イヌビワについて（小吹和男）
48	春の雑草（三浦励一）
49	春爛漫（三原等）
50	京大植物園花の地図をつくろう（西田佐知子、坂本三和）
51	ナミテントウの観察（大澤直哉）
52	虫たちのえさと住みか（吉本治一郎）
53	森で語ろう Part III ライブ「歌で語る植物園」（森島　映）
54	京大植物園花の地図を作ろう Part II（西田佐知子、坂本三和）
55	ミツバチのコロニーの観察（清水勇）
56	昔のエピソードを聞きながら晩秋の京大植物園を一緒に歩いてみませんか（田端英雄）
57	冬の植物観察、小さな世界をのぞいてみよう（佐久間大輔）
58	タラヨウとイスノキの話（小吹和男）
59	越冬中の虫たち（吉本治一郎）
60	アオバズクの育った森（西村和雄）
61	ゲンペイシダレモモの話（小吹和男）
62	雑草を見て歩こう（田中　聡）
63	小さな竜を探そう（大渕希郷）
64	トトロをさがそう（鎌田東二）
65	苔じゃないコケの話（有元高太）
66	植物園、秋のにぎわい（本間　淳）
67	網はクモのココロの窓（渡部　健）
68	11 月祭参加特別観察会「ゆく秋を見る」（小吹和男）
69	植物園の落葉落枝（ごもく）たち（中島和秀）
70	植物園内の冬鳥たち（梶田　学）
71	お茶の話「植物としてのお茶など」（林屋和男）
72	苔じゃないコケの話　Part II（有元高太）
73	池の中に広がるミクロの世界（大塚泰介）
74	フィールド研の見本園観察（山内隆之）

75	植物園でみられる湿地植物（藤田昇）
76	集まる虫たち（吉本治一郎）
77	森で語ろう Part IV ライブ（くすきしんいち）
78	バショウとバナナの楽しみ方（佐藤靖明）
79	きのこ眼で植物園を見よう！（小田貴志）
80	11 月祭参加特別観察会「一本の枝が語ること」（八田洋章）
81	トトロを探そう Part II「どんぐりから追跡する」（鎌田東二）
82	初春の椿（小吹和男）
83	落ちている実やタネをさがそう（内貴章世）
84	啓蟄の虫たち（吉本治一郎）
85	植物行動学（幸島司郎）
86	春の虫たち（嘉田修平）
87	色の名前と自然観察（有元高太）
88	身近なカエルたち（原村隆司）
89	夏の昆虫の歩み「アリとバッタと時々オサムシ」（奥崎　穣）
90	植物園のチョウとその食草（鈴木紀之）
91	ダンゴムシとその仲間たち（石田惣）
92	11 月祭参加特別観察会（丑丸敦史、今村彰生）
93	植物園内樹木のナラ枯れについて（二井一禎）
94	京都盆地の冬鳥（和田　岳）
95	苔でないコケの話 Part III「観察の旬　地衣類を探してみよう」（有元高太）
96	春の野草（三浦励一）
97	植物園の竹を楽しもう（柴田昌三）
98	放射線の線量と生物への様々な影響（米井脩治、秋山秋梅）
99	植物園 TODAY「発見を発信してみよう」（大石高典）
100	学べる植物園（今村彰生）

表 1: 植物園観察会のテーマ一覧

1	春の植物園を歩こう（今村彰生）
2	新緑の植物園を一緒に歩きましょう（丑丸敦史）
3	ユクノキの開花をみよう（今村彰生）
4	街中との温度差を感じよう（今村彰生）
5	鳥の声を聞きましょう（梶田　学）
6	秋の植物園「草の実・木の実を探そう」（今村彰生）
7	晩秋の植物園「草の実・木の実を探そう Part II」（今村彰生）
8	師走の植物園「冬支度のいきものたち」（丑丸敦史）
9	一月の植物園「鳥の観察 Part II」（梶田　学）
10	二月の植物園「冬眠中の虫たち」（大橋和典）
11	三月の植物園「春を待つ生き物たち」（丑丸敦史）
12	四月の植物園「じぶんの花をみつけよう」（今村彰生、農学部昆虫学研究室大学院生）
13	夏のはじまり「植物園から飛びだそう（吉田山の散策）」（今村彰生、農学部昆虫学研究室大学院生）
14	六月の吉田山「夏至の候をたのしむ（吉田山の散策 2）」（今村彰生、農学部昆虫学研究室大学院生）
15	七月の植物園「木陰のいきものたち」（今村彰生、農学部昆虫学研究室大学院生）
16	秋風を待つ植物園（今村彰生、農学部昆虫学研究室大学院生）
17	秋のいきものを見つけよう（大橋和典、今村彰生、農学部昆虫学研究室大学院生）
18	たねや芽生えをさがそう（今村彰生）
19	植物園で染料をさがそう（有元高太）
20	11 月祭参加特別観察会（野間直彦）
21	ロシアからやって来た小鳥を探そう（梶田　学）
22	生きものたちの冬越し（吉本治一郎、大橋和典、農学部昆虫学研究室大学院生）
23	樹木の立ち姿をみてみよう（丑丸敦史）
24	植物園内に残る古代の遺跡（清水芳裕）
25	咲きかた、散りかた、実りかた（今村彰生、大橋和典、農学部昆虫学研究室大学院生）
26	はなやかな葉っぱ（今村彰生）
27	ツユときのこ（今村彰生）
28	夏の虫たち（吉本治一郎、農学部昆虫学研究室大学院生）
29	植物園で染料をさがそう Part II（有元高太）
30	秋のみどり（今村彰生）
31	水辺の植物たち（細　将貴）
32	11 月祭参加特別観察会「鳥と木の実」（湯本貴和）
33	ツリーイング"ってなんだろう？「植物園の大きな木をみてみよう」（村尾嘉彦）
34	森で語ろう「京大植物園が育むサブカルチャー」（中島和秀、大石高典）
35	虫たちの越冬場所「植物を寝床に」（嘉田修平、大石高典、農学部昆虫学研究室大学院生）
36	北部の春（きたぐにのはる）（門川朋樹、中島和秀、大石高典）
37	タンポポから探る、生き物の分布（西田隆義）
38	植物が作る謎の部屋—ダニ室をのぞいてみよう（西田佐知子）
39	植物園のきのこたち（小寺祐三）
40	植物園の苔観察「しゃがんでこそ見える世界もある」（秋山弘之、大石善隆）
41	植物園と吉田山（土屋和三）
42	森で語ろう part II（坂本三和）
43	植物園を含む京大北部キャンパスの地形見学と花折（はなおり）断層（竹村恵二）
44	11 月祭参加特別観察会「植物標本と植物園」（村田　源）
45	ドングリからさぐる植物の分散戦略（西田佐知子）

学んだり、気づいたりする楽しみに次第に多くの参加者ははまっていった。ある生き物の世界に近づいてゆくと、その生き物の視点で自然を見るようになる[16]。違う生き物に魅了された者が案内人となる観察会の実践は、違う目を持った者には自然が一つではないということを気付かせてくれる。生き物への関心のもち方や関わり方が異なれば、好ましいと思う自然は当然異なるのだが、そこにはまた重なりあいも生じてくる。

そういった経験の中から、生き物との関わりをきっかけにして思いがけない出会いが生まれ、社会関係が展開してゆく。私自身、観察会への参加を契機に、足しげく植物園に通うようになり、毎日違う生き物や人間に出会うのが面白かった[17]。そんな植物園通いの中で、いろいろな話を聞いた。その中には植物園の池に化け物が棲んでいるらしいという話もあった。誰もいない時間になると、「クッパン、クッパン」という声が池の中からしてくるらしい。正体不明のその生き物は、その声から、クッパと呼ばれている、などなど。

このように、植物園をめぐる騒動のなかで、見えないものが可視化されていった。次節で紹介する日本画家三橋節子と植物園との関わりは、さまざまなつながりが生まれてくる中で、具体的に可視化され、再認識されるようになった関係性の一つである。

二　「雑草の画家」三橋節子と生態植物園——ミクロコスモスの拡張

三橋節子は、若くして（三五歳で）病のために亡くなった日本画家である。生前はそれほど有名だったわけではない。[18]三橋が卒業した京都市立芸術大学の学長を務めていた梅原猛による三橋の伝記『湖の伝説』[19]がベストセラーになったことで、悪性腫瘍のため利き手を失い、さらに肺をガンに冒されながらも最後まで絵を描き続けた生き方とともに、絵の方も一躍知られるようになったのである。三橋節子は、梅原が「雑草と虫の画家」[20]と評するほど、野山、雑木林、あるいは人家の庭や空き地など私たちの身の回りに見られるような身近な植物や昆虫類、鳥類などの小動物を材料にたくさんの絵を描いた。描くだけではなく、生まれた子どもにも、草麻生（クサマオ）、なずな、……と草の名をつけている。

「三橋節子年譜」によれば、三橋節子が生まれたのは一九三九年で、一九二三年に一面田圃だった白川扇状地に京大理学部附属植物園ができてから一六年ほど後に生まれたことになる。父親である三橋時雄氏は、京都大学農学部の教授（農業経済学）であったので節子は大学近くの北白川で育った。現在もそうだが、農学部の建物と植物園は眼と鼻の距離にある。そのため、子ども時代から植物園は遊び場の一つとして、親しんでいたという。絵が好きだった三橋は、その後京都市立美術大学（現・京都市立芸術大学）に進み、日本画家秋野不矩に師事する。第二学年進級制作に、早速植物園のシュロガヤツリを取りあげている。

美術大学を修了後しばらくして、三橋は雑草をはじめとした植物を描き始めるが、梅原は、この頃の三橋の作品「池畔」「池苑」（ともに一九六六年の作品、図3、4）について、次のように述べている。

図3　三橋節子画「池畔」（1966年）

……私は、彼女が自己の画境を発見したのは、昭和四十一年に、新制作秋季展に入選した「池畔」「池苑」の二作を描いた頃ではないかと思う。この画は、池のまわりに数種類の野草が生えている画であるが、作者の野草への愛情がにじみ出ている画である。優美というより、もっと素朴な情感がある。……（中略）……彼女は、ここに来て、はじめて繊細に自然をかくことができた。[21]

もしも、日本画家の仕事の一つが、新しい自然美の発見であるとすれば、節子もまた、ここに彼女ながらに一つの新しい自然美を発見したといえよう。それは、一口にいえば、雑草の美の発見である。……（中略）……彼女が、好んでかくのは、ほとんど、名も知れない雑草ばかりである。……（中略）……彼女にかかれて見ると、なるほど、雑草には雑草の美しさがある。ある人が彼女の画の雑草の美しさにおどろいて、その美しい草は何かとたずねたら、彼女は笑って答えなかった。しばらくして、彼女はそれをその人の家にとどけてくれたので、よく見たら、その草は、その人の家の庭に一ぱい生えていた草であったという。[22]

この二作品に前後して三橋は植物画を多く描いているが、杉浦弘通によれば、これらの作品に登場する生き物たちのほとんどは、京都大学理学部付属植物園にあったものだ。とくに、植物園の池とその周りの草本をモチーフとした「池畔」は、一回だけでなく、繰り返し、亡くなる三年前の一九七一年まで、間に数年ずつ置きながら、三回も同じタイトルの作品を描いている。他にも植物園に生えていたという白い樹皮の樹は、繰り返し三橋の絵の中に認めることができる。植物園は、梅原の言を借りれば日本画家ないし人

図４　三橋節子画「池苑」（1966年）

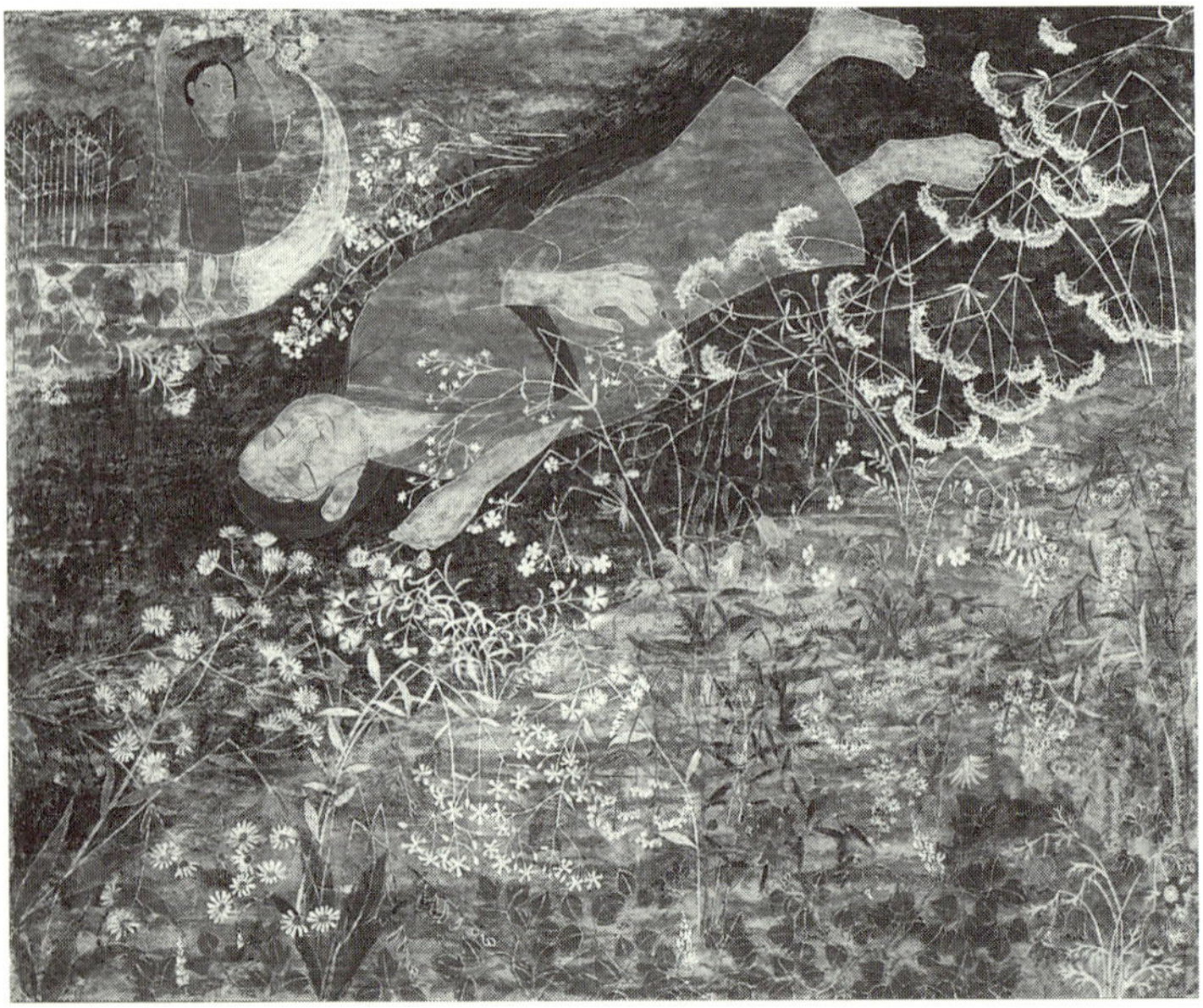

図５　三橋節子画「花折峠」（1974 年）

間としての三橋節子の一つの原風景、出発点だったということは確かだろう。

後年、三橋の作品の重点は、琵琶湖の伝説を描いたシリーズを中心に人物画に移っていくが、三橋最晩年の作品の一つであり代表作でもある「花折峠」（図５）をはじめ、ほとんどの作品に草花や小動物、そして鳥類や魚類など多種多様な生き物が登場する。そこでは、主役ではない脇役としてではあるが、風景のなかにパズルのように――そこに節子のいたずら心が感じられる――生き物が埋め込まれているのである。昆虫類など、眼をさらにしても正確に何が何匹書き込まれているのかを当てるのは難しい作品もある。どこに何が潜んでいるのか分からない不均質な自然の中での生き物との出会いは、スリリングで楽しいものである。三橋の絵を見る者は知らず知らずのうちに自分も自然観察をしているかのような心持ちになる。そこからはあたかも、三橋節子にとって、子ども時代からの遊び場所であった植物園での、彼女と生き物たちとの会話が聞こえてくるようだ。

ここで、杉浦が紹介している迷子の手乗り文鳥「ピーコ」と節子のエピソードに注目してみたい。

……「池苑」のほうの樹は、やはり朝鮮から来たヤナギザクラである。この樹は池からやや離れた所に立っているが、節子はふつうの桜の花とは違う趣に興味をもったらしく、前年に単独でもこの樹を描いている。画面左上の隅にクワガタやカブトムシやバッタが白く描かれ、中央には一羽の鳥が止まっている。この小鳥は妹の啓子が自宅の近くで見つけてきた迷子の手乗り文鳥で、節子はピーコという名をつけ、よく可愛がった。ピーコが節子の手の上にとまると、節子は鳥が自分の方から動きだすまで、いつまでもじっと見守りつづけた。ピーコは節子のセーターや掌の上で、三度も卵を産んだことがあるという。

このエピソードには、三橋節子が生き物と戯れるあり方や生命への眼差しがよく表れている。前に引用したように、梅原が三橋節子の植物画に「野草への愛情」を見出しているように、三橋はいのちを大事にする人だった。三橋の絵を見る者は、小さくどこにでもいるような生き物の存在ひとつひとつとの交歓を楽しんでいる節子の眼差しを見てしまう。

三橋の作品に見え隠れする生き物たちは、そのほとんどが梅原の指摘するようにごく普通に見られる種である。杉浦は、前出の「三橋節子作品メモー植物画と人物画」という小さなコラムのなかで、詳しく三橋の作品の中に出てくる植物に言及している：ドクゼリ、カモジグサ、スズメノエンドウ、ヤマジノギク、ヘラオモダカ、スズメノカタビラ、ウマノアシガタ、ハナダイコン、キカタバミ、ヤマアジサイ…。これらの植物は今でも池の周りはもちろん、植物園の中でよく見られる野生草本植物である。もちろん三橋が植物園を歩いた三十年以上前と、現在とでは、植物園内の 環境もずいぶん変わっている。

植物園は、創設以来の「生態植物園」という考え方のもと、野生草本植物も淘汰されず、昆虫も棲みやすい、ゆるやかな管理の行われる空間として維持されてきた。そこで節子も子供時代を過ごした。観察会に参加する地域住民のなかにも、子ども時代に植物園で遊んだ思い出を語られる方は少なくなかった。

かつて、京都の子ども言葉に、スイバ（好い場）という言葉があった。スイバは、少人数の友達しか知らない秘密の場所で、行けば何かが見つかる宝物のようなところを指す。[23] 三橋にとって、画材となる生き物に事欠かない植物園はスイバのような場所であったに違いない。そういった生き物や自然物と、具体的で親密な関係を結ぶところから、環境への信頼が育まれるのではないだろうか。

もし、植物園が、学術調査によりアジア各地から収集される珍しい植物を見本市のように展示するだけで、梅原が「雑草」と呼ぶ、野生草本植物のように、かつてはどこにでもみられた多種多様な生き物たちがうじゃうじゃとみられるような場所でなかったなら、三橋節子の日本画に描き込まれる生き物たちはずいぶん違うものになっていたはずである。三橋節子の絵の中で、植物園の野生草本植物や虫たちは生き続けているが、その作品を読み解くには、植物園が、一つ一つ名のある野生草本植物や虫が暮らせる場所であり続けてほしいと思う。

三橋節子の植物園への眼差しは、ある画家の観察会への参加をきっかけとして、また別の形で未来に引き継がれることとなった。二〇〇七年に、日本画家・松生歩は、植物園のムクロジとフジを題材とした作品三部作「地へ」・「天へ」・「結び」を制作した（図6）。作品には植物園の池畔のムクロジにフジが巻きつき絡み合っている様子が縦三段に切り取って描かれている。松生歩は、高校時代に三橋節子について描かれた本を読んで、「絵とは生命をかけることができるものなのだ」と学んだという。松生は、ムクロジとフジをスケッチしているときの経験を以下のように書いている。

植物園内をめぐるうちに、どうしてもそこに足をとどめたくなる場所を見つけました。そこは節子が愛したであろう池の畔の、むくろじの木の下でした。……（中略）……植物園のその無患子（ムクロジ）はとても背が高く、藤の木が絡みついて、同化して一体になっているかのようでした、木を見上げていると、なつかしいような、心の奥で響きあうような、切ないような、悲しいような……何ともいえない気持ちになって、そうしてもその木が描きたくなりました。

そこで日を改めて、ベニヤ板より大きな紙を三枚持って植物園に通い、その大きな木を、等身大くらいに写生することにしました。あまりに藤の枝が複雑に細かく絡みついているので写生も困難を極めましたが、この期間は本当に幸福な日々でした。巨大な紙を布団か敷物のように自分の膝からはるか前方まで広げるだけ広げて写生をしていると、風とともに大きな紙が翻り、バラバラバラと大きな音をたててあたり一面に藤のつぼみが降り落ちてきます。自分の頭にも絵の上にも周りの草地にも容赦なく雹のようにつぼみが叩きつけ、あたりは一面藤色、いい香がします。自分の草地の一部になった気分で自然に笑いが込み上げてきます。……

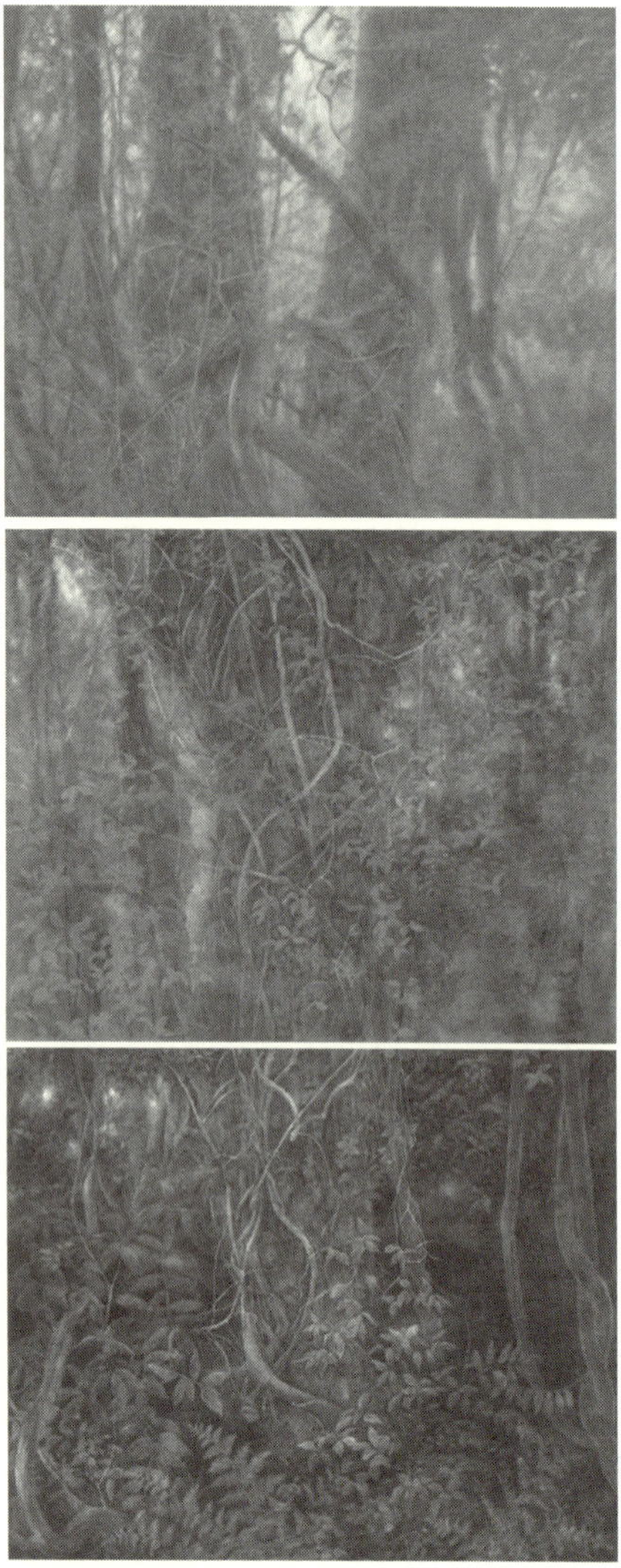

図６　松生歩画（上から）「地へ」「天へ」「結び」（2007 年）

松生は、フジノキの写生をしながら、自然のなかに埋没している。その心地よい感覚がここでは率直に表現されている。文字通り草地の一部になるかのように、画家は絵を描いたのである。松生は、絵を描くときに同時に詩を書く画家であり、ムクロジとフジについても合わせて詩を発表している。[24]具体的な生き物の絵を描いているうちに言葉が生まれ、物語が生まれてくる。三橋もまた物語を絵にした画家であり、その作品のなかでは野生草本植物が繰り返し、繰り返し描かれ続けた。ここに人間、生き物、その出会いの場となる具体的な場所の三つの循環的な関係がある。物語が生まれるためにはその手掛かりとなる場所が必要になり、物語が場所への記憶を通じてある生命について、語り手や聞き手に働きかける。この関係は芸術に限らず、普遍化を目指す科学においてもじつはよく似たことが言えるのではないだろうか。[25]

おわりに

植物園の樹木伐採問題では、「この木を伐ったらたたるぞよ」と張り紙がされた三本の樹木は最終的に伐採されることとなった。しかし、その後計画されていた数十本の樹木がすべて伐られることはなかった。伐られた樹木は、はたして「たたった」のだろうか。それはわからない。しかし、誰かが「この木を伐ったらたたるぞよ」という表現をし、それが、「樵さん」（造園業者）に受け止められ、さらに樹木伐採を計画した研究者の心を動かすということがなければ、植物園はごく少数の人にしか知られぬままに「環境整備」されていたことだろう。私はこの事例を、納得するにせよ、反発するにせよ、実は私たちのなかにカミは生きているということの証なのだと考えたい。

「この木を伐ったらたたるぞよ」という言葉の持つ力、言霊によって、むやみに木を伐ったら「たたる」という感覚が呼びさまされ、伐採を進めようとした者も、反対した者も、画家も、運動に関わった私も、言霊がもたらした社会関係のなかで生き方が変容していった。樹木が「たたる」ためには、樹木に人格をみとめるアニミズムの思考が前提となる。そのアニミズムの世界では、植物や昆虫や鳥や魚といった区分は意味をなさない。区切りのない世界の中で、私たちは地球サイズはおろか、宇宙全体に拡がる自らの身体を仮想することさえできるだろう。しかしそこで、例えば地球環境といった「果てしなさ」を感じさせる空間のなかで、私を私たらしめるものは何なのか。

アニミズムは、広い意味での他者や環境とのつながりや共感をもたらしうるが、そのためには、ここで言う植物園のような具体的な場所が重要となる。森は、カミが宿るにふさわしい場所である。かつては、社叢《しゃそう》や、聖地のような場所がカミの世界に近づくことを可能にした。神社のように宗教的な位置づけがなされた聖地がなくとも、かつて京都の子どもたちが秘密の遊び場所だったスイバ[26]を見つけたように、視点を変えれば身近な環境の中にそれに近い場所は無数にあるのである。そう言った場所での経験と記憶こそが、より広い環境への信頼を育むに違いない。

現代文明社会に生きる私たちの感性は、個々に切断されていると言われがちだ。具体的な場所で育まれる生きとし生けるもののミクロな生命への共感を通して環境への信頼が生まれ、そして地球や、さらには宇宙というマクロなものにつながっていく。ここにこそ、私たちと環境との関わりが変わってゆく手掛かりが潜んでいるのではないだろうか。

1 「京大植物園を考える会」URL: http://ja3yaq.ampr.org/~bgarden/（二〇一五年五月一四日アクセス）
2 自分の足元で行った環境問題として放っておけないという気持ちがあったからである。
3 アニマとは、ラテン語で生命・霊魂のことを言う。
4 山尾三省『アニミズムという希望――講演録・琉球大学の五日間』野草社、二〇〇〇年。
5 ドーキンス・リチャード『利己的遺伝子』紀伊國屋書店、二〇〇六年。
6 以下、単に「植物園」と書くことにする。
7 京大植物園を考える会「京都大学理学部附属植物園の管理運営方針に関する提案」二〇〇三。(URL: http://ja3yaq.ampr.org/~bgarden/messages/teigen.html)
8 畠山伊佐男ほか「概要――一九七〇」京都大学理学部附属植物生態研究施設発行、一九七〇年。
9 西南日本から朝鮮半島南部、中国南部、雲南、ヒマラヤ南麓にかけての地域が該当する。植生遷移が進むと、照葉樹林を極相とする森林が発達することから照葉樹林帯とも呼ばれる地域とも重なる。
10 畠山伊佐男、村田源、田端英雄、「京都大学植物園の植物リストといくつかの生態学的資料」京都大学理学部紀要第6巻、一九七三年、九一―一四八頁。
11 河川が出水した際に冠水する範囲を氾濫原という。植物園は、白川が流路を変えながら堆積させてきた扇状地と鴨川の氾濫原に挟まれた立地にある。
12 ある森林区画から選択的に樹木を間引くこと。
13 前掲7。
14 湯本貴和「フィールドワークの第一歩は植物園から――京都大学植物園」『エコソフィア』13号、民族自然誌研究会、二〇〇四年、二二―二七頁。

15　植物園の樹木伐採の理由として、表向きに挙げられる財政問題があったにせよ、私は、問題の本質には伐採される樹木について、「単に大きいだけで、学術的に意味がない」と言い切ることのできるような一部の生物学者の生き物との関わり方の変化があったとみている。
16　ユクスキュル『生物から見た世界』岩波書店、二〇〇五年。
17　そんな出会いを『京大植物園 TODAY』(URL: http://blog.goo.ne.jp/bgfanclub) というブログに綴ってもきた。今年で一〇年目になる。
18　三橋節子の作品は、滋賀県大津市の三橋節子美術館で鑑賞できる。
19　梅原猛『湖の伝説――画家・三橋節子の愛と死』新潮社、一九七七年（梅原猛著作集第16巻に再録、一九八二年）二六〇頁。
20　同上書。
21　同上書。
22　同上書。
23　山田勇「世界の森の生態資源と先住民社会の変貌」『共生の文化研究』4号、愛知県立大学多文化共生研究所、二〇一〇年、七四―八九頁。
24　松生歩「北部構内の森」『ゆくのき通信』第4号、京大植物園を考える会、二〇〇八年、三―五頁。
25　実験室や野外調査地といった特定の場所で、対象に徹底的に寄り添った観察を行って問いを見出し、仮説構築を行ない、さらなる観察や実験を通じて問いを深めてゆく過程は物語の生成をともなう。

その他参考文献

三橋時雄作成、杉浦弘通再構成「三橋節子年譜」梅原猛著作集第16巻『湖の伝説』一九八二年、三四三―三四六頁。

梅原猛責任編集『三橋節子画集』サンブライト出版、一九八〇年、一六四頁。

杉浦弘通「作品解説」梅原猛責任編集『三橋節子画集』サンブライト出版、一九八〇年。

杉浦弘通「三橋節子作品メモ――植物画と人物画――」梅原猛著作集月報7第16巻『湖の伝説』一九八二年、七―一一頁。

終章

環境倫理としての場所の記憶と生態智

鎌田東二

はじめに

一七歳から聖地巡礼に魅せられ、国内外の聖地や霊場とされるところを巡っているうちに、「場所の記憶」と呼ぶべき場所と心のレイヤーがあることに気づくようになった。

そもそも土地や場所というものは人間にとって決してニュートラルなデカルト的「延長」などというものではない。そこには先祖伝来の伝承や汗水たらして働いた労働の痕跡や限りない愛着や争奪戦や祈りが込められていて、土地の情念（パトス）という不定形で目に見えない感情や想念がまとわりついている。

そしてそのもっとも深くて濃い情念を伴う「場所の記憶」が神話と聖地・霊場となって具現化する。そうした問題意識をかつて『場所の記憶』（岩波書店、一九九〇年、一九九六年に『聖なる場所の記憶』と改題して講談社学術文庫より再版）として著わしたことがある。「聖なる場所」とは端的に聖地や霊場であるが、そこにはどのような成立の経緯や歴史と意味や意義や機能があるのかを、事例面と理論面の両面から考察してみた。

聖地の始まりを一言で言うなら、そこで人が「聖なるもの」の示現を感じ、それを大切に共有してきた、ということに尽きる。とりわけこの日本列島では、神仏や霊威あるモノとしての「聖なるもの」は、自然のある景物を通して現われ出ることが多い。例えば、那智の大滝や三輪山の磐座や湯殿山の湯を噴き出す赤茶けた巨岩の御神体（神仏習合時代は「御宝前」とも言った）や各地の閼伽井（井戸）など、である。そこでは自然は単に自然などというのっぺらぼうの「延長」でも「環境」などと一括りにされるものでもない。人と自然との生きた相互作用の中で実に繊細微妙に「あや（彩・綾）」をなしている。

そこでは、自然や環境も一塊であったり、一括りできるような総括できる客体ではない。「スピリチュアリティと環境」というテーマを考えようとする時、そのような形而上＝不可視と形而下＝可視との接合部を繊細に取り扱わねばならない。

そこで、日本の「環境思想」の初期形として『古事記』の「国生み」神話と『出雲国風土記』の「国引き」神話を検討することから始めたい。

一　『古事記』の「国生み」神話と古代の環境思想

『古事記』が日本最古の古伝承を物語るテキストとして優れていると思うところはいくつもあるが、興味深いのは何と言っても冒頭の出だしである。

天地《あめつち》初めて発《ひら》けし時、高天の原に成れる神の名は、天之御中主神《あめのみなかぬしのかみ》。次に高御産巣日神《たかみむすひのかみ》。次に神《かみ》産巣日神《むすひのかみ》。此《こ》の三柱の神は、並独神《みなひとりがみ》と成り坐《ま》して、身を隠したまひき。次に、国稚《わか》く浮きし脂《あぶら》の如くして、海月《くらげ》なす漂へる時（久羅下那州多陀用弊流時《くらげなすただよへるとき》）、葦牙《あしかび》の如く萌え騰《あが》る物によりて成れる神の名は、宇摩志阿斯訶備比古遅神《うましあしかびひこぢのかみ》。次に天之常立神《あめのとこたちのかみ》。この二柱の神も亦《また》、独神と成り坐して、身を隠したまひき。

上の件の五柱の神は、別天《ことあま》つ神。

次に成れる神の名は、国之常立神《くにのとこたちのかみ》。次に豊雲野神《とよくもののかみ》。この二柱の神も亦、独神と成りまして、身を隠したまひき。

次に成れる神の名は、宇比地邇神《うひぢにのかみ》、次に妹須比智邇神《いもすひぢにのかみ》。次に角杙神《つのぐひのかみ》、次に妹活杙神《いもいくぐひのかみ》。次に意富斗能地神《おほとのぢのかみ》、次に妹大斗乃弁神《いもおほとのべのかみ》。次に於母陀流神《おもだるのかみ》、次に妹阿夜訶志古泥神《いもあやかしこねのかみ》。次に伊邪那岐神《いざなきのかみ》、次に妹伊邪那美神《いもいざなみのかみ》。

上の件の国之常立神以下、伊邪那美神以前を、并せて神世七代と称《い》ふ。

是に天つ神諸《もろもろ》の命もちて、伊邪那岐命、伊邪那美命、二柱の神に、「是《こ》の漂へる国（多陀用幣流国）を修め理《つく》り固め成せ。」と詔《の》りて、天の沼矛《ぬぼこ》を賜ひて、言依《ことよ》さし賜《たま》ひき。故、二柱の神、天の浮橋に立たして、其《そ》の沼矛を指し下ろして畫きたまへば、塩こをろこをろに（塩許々袁々呂々邇《しおこをろこをろに》）畫き鳴して引き上げたまふ時、その矛の末より垂り落つる塩、累《かさ》なり積もりて島と成りき。これ淤能碁呂島《おのごろじま》なり。（倉野憲司校注、岩波古典文学大系本）

この出だしの部分は何度声を出して読んでもすばらしい。意味深長で、響きもよい。特に、「あめつちはじめてひらけしとき」（あるいは、「あめつちのはじめのとき」と訓む訓み方もある）の大らかな解放感は格別である。そして高天原に出現した第一神格の「アメノミナカヌシノカミ（天之御中主神）」のお「ナリ（成り・生り）」を告げ、続けてすぐに「タカミムスヒノカミ（高御産巣日神）」と「カミムスヒノカミ（神産巣日神）」のお「ナリ」が告げられ、その三神格（「造化三神」と呼ばれる）が「独神」で「隠身」という神性の特質を持っていることが明かされるのである。極めて意図された神学的な出だしであり、よく練られ、計算された始まり（世界開闢）の記述であるといえよう。

その後、別天つ神と神世七代の神々のお「ナリ」が続き、イザナギ・イザナミの夫婦神に、このクラゲのように「漂へる国」を「修め理り固め成せ（修理固成）」と天つ神々の「ミコト（命）」が託され、「天の沼矛」が授与された。そして「天の浮橋」に立って、アブラやクラゲのように漂っているところに、その「天の沼矛」を差し込んで引き上げると、雫が滴り落ちて凝り固まり、「オノゴロ（淤能碁呂）島」ができたと物語られる。この初源日本列島の姿形を描く場面は、天の沼矛を「塩こをろこをろに」掻き混ぜたなど、大変具体的かつ感覚的で印象深いところである。

こうして『古事記』は、冒頭部で「むすひ」の神々の出現を語り出し、それらの神々がみな「独神」でまた身体性を持たない「隠身」であることが示される。この冒頭の部分は大変重要で論点の一つとなり得るところであるが、ここではその点にはこれ以上踏み込まず、その次の「国稚く浮きし脂の如くして、海月なす漂へる時（久羅下那州多陀用弊流時）」という章句に注目する。

ここでは、「国」が明確な形を取る前の不定形な状態が大変興味深い言葉で叙述されている。「国」が稚くていまだ形をなさず、「浮きしアブラ（脂）」のように、また「クラゲ（久羅下）」のように漂よっているという始まりの「時」と状態が語られている点である。とりわけ、「アブラ」と「クラゲ」という言葉に注目したい。それはそのまま島嶼列島としての日本列島に接続してくる原初形態の表現だからである。この「国」は「アブラ」のようであり、「クラゲ」のようである、とは、この「国」に住む者たちの根源的な環境感覚であったに違いないと推察されるからである。クラゲの国、クラゲの島とは、古日本の表現として言い得て妙ではないか？

「スピリチュアリティと環境」というテーマを日本思想史の中から考察しようとするならば、この箇所の分析を避けて通ることはできない。この日本列島というローカルな場所での世界認識の初期形を『日本書紀』冒頭部の本文はどう描いているか、較べてみよう。

古《いにしへ》、天地《あめつち》未だ剖《わか》れず、陰陽《めお》分れざる時、渾沌《まろがれ》たること鶏子《とりのこ》の如く、溟涬《くくも》りて牙《きざし》を含めり。その清み陽《あきらか》なるものは薄靡《たなび》きて天《あめ》と為《な》り、重く濁れるものは淹滞《つづ》きて地と為るに及びて、精《くは》しく妙ね《な》るが合へるは搏《あふ》ぎ易く、重く濁れるが凝《こ》りたるは竭《かたま》り難し。故《かれ》、天先づ成りて、地後に定まる。然して後、神聖《かみ》、その中に生れます。故曰はく、開闢之初《あめつちひらくるはじ》めに、洲壌《くにつち》浮れ漂へること、譬《たと》へば猶《な》ほ游ぶ魚の水の上に浮べるがごとし。時に、天地の中に一物《ひとつのもの》、生《な》れり、狀葦牙《かたちあしかび》の如し。便《すなは》ち化爲《な》りませる神を、国常立尊《くにのとこたちのみこと》と号《まう》す。次に国狹槌尊《くにのさつちのみこと》、次に豊斟渟尊《とよくむぬのみこと》、凡《す》べて三神ます。乾道《あめのみち》独《ひと》り化《な》る、所以《このゆえ》に、この純男《ひたをとこ》を成せり。

この冒頭「天地未剖、陰陽不分時」とは極めて中国思想的な、陰陽思想的な表現である。『日本書紀』はのっけから「陰陽」という言葉を直接的に使ってその始まりを描き出す。そしてその渾沌たる初源の状態が「鶏子」つまり鳥の卵のような形をしているという。このタマゴとクラゲという形容の違い。タマゴも確かにドロドロふわふわしていて、殻がなければ不定形となり崩れてしまう。そのような不定形さを抽象すれば共通点があるとはいえる。

だが、タマゴとクラゲは異なる。卵生神話の系譜につながる大陸思想的な『日本書紀』の天地開闢神話と「クラゲ」という太平洋的な島嶼列島に相応しい開闢神話とはその世界観・環境観が大きく異なると言っていい。

とはいえ、そのような違いがあるとしても、『日本書紀』では次に、「開闢之初めに、洲壌浮れ漂へること、譬へば猶ほ游ぶ魚の水の上に浮べるがごとし」と、「洲壌」が浮き漂っているさまは水上で遊んでいる魚のようであるとも形容している点は、「クラゲなす漂へる」国という『古事記』ともつながる記述である。特に「浮漂」という語、また「游魚水上」という語など。ではあるが、やはり、クラゲの生々しさと游魚の雅やかさとは、その表現の直接性とインパクトと強度において異なっている。

このように、『古事記』と『日本書紀』の世界の始まり、冒頭の神々の出現について、日本列島の形成についての物語は大きく異なっている。天地開闢神話が冒頭からこれほどの違いを見せるダブルスタンダードの国柄とは一体何であろうかと訝しくもなるが、それはさておいても、ここに日本人の環境思想の二つの表現類型を見ることができる。一つは『古事記』のように、クラゲの島と直観的・感性的に捉え、表現する環境思想。もう一つは『日本書紀』のように、陰陽不分の時のタマゴや水上の游漁というように概念的に捉え、表現する環境思想。それは、カタカナやひらがな型の「いのち」と漢字型の「生命」という言い方の違いとも共通する二類型といえる。

この「クラゲなす漂へる国・島」という言い方は、続く『古事記』の国生み神話のヒルコの誕生と密接なつながりがある。伊邪那美命《いざなみのみこと》は伊邪那岐命《いざなぎのみこと》と「みとのまぐはひ」（性交）をし、島々や神々を次々と出産する。

イザナミは、まず「水蛭子《ひるこ》」を生み、続いて「淡島《あはしま》」を生むが、これは子の数には入れられず、次に生まれた「淡路島（淡道《あはぢ》の穂の狭別島《さわけのしま》）」が最初の子供とされ、その次に、「身一つにして面四つ」を持つ四国（伊予の二名島《ふたなのしま》）が生まれ、続いて、隠岐の三子島《みつごのしま》（天之忍許呂別《あめのおしころわけ》）、九州（筑紫島）、伊伎《いきの》島《しま》（天比登都柱《あめひとつばしら》＝壱岐）、津島（天之狭手依比売《あめのさでよりひめ》＝対馬）、佐度島、大倭豊秋津島《おほやまととよあきづしま》（天御虚空豊秋津根別《あまつみそらとよあきづねわけ》＝本州）の島々が生まれ、これらの八つの島々が「大八島国」と呼ばれた。さらに、吉備児島（建日《たけひ》方別《かたわけ》）、小豆島（大野手比売《おほのでひめ》）、大島（大多麻流別《おほたまるわけ》）、女島《ひめじめ》（天一根《あめひとつね》）、知訶島《ちかのしま》（天之忍男《あめのおしを》）、両児島《ふたごのしま》（天両《あめふた》屋《や》）の小六島を生む。

そしてこの「国生み」の後、イザナミはさらに石や土や砂や海や川や山や谷や火など山川草木の神々の「神生み」をし、その最後に、火の神「カグツチ」を生み、それによりホト（女陰）を焼き、病み衰えて黄泉の国に身罷る（「神避《かむさ》る」）のである。ここにおいて、初めて死および死後の国である黄泉国の問題が生起する。

ここで問題にしたいのは、ヒルコやアワシマやカグツチが持つ不定形さと異常さである。前者は未だ形を成さない未成熟さとして認識され、後者は形を成さないが強烈な破壊性を持つ不定形さとして認識されている。こうして『古事記』において、イザナミノミコトは、国生みと神生みの最初と最後に異常児出生を持ったと物語られるのである。

この異常児出生が、その次のイザナギノミコトによる「三貴子」誕生において、鼻から化生したスサノヲノミコトという異常児化生につながっていくのが、『古事記』における出雲系神話伝承の系譜で、これが「カクリ・カクレ（幽世）」の世界の出現譚と連繋する。

ところで、日本型環境思想として注目したいのは、本講座第一巻の『スピリチュアルケア』の拙論「スピリチュアルケアと日本の風土」でも指摘したように、これらの国生み神話や神生み神話が『出雲国風土記』の朝鮮半島から綱を掛けて「国」を引っ張ってくる「国来《くにこ》」伝承や、室町時代に描かれた日本の国々を龍蛇が取り巻いている地図や、江戸時代に描かれた日本列島の地面の下の鯰が蠢くと地震が起こると説明する「鯰絵」とも繋がり、これらがみなプレート的流動性や噴火・地震・造山活動の生成と関係しているという点である。『古事記』ではその生成する力の根源を「むすひ」の神として表現したのだ。

プレート・テクトニクス理論が明らかにしたことは、日本列島が、ユーラシアプレート（西方）と北米プレート（北方）という二枚の大陸プレートと、太平洋プレート（東方）とフィリッピン海プレート（南方）という二枚の海洋プレートがぶつかり、潜り込むことによってできた列島であるという地質学的事実である。つまり平たく言えば、日本列島はプレートの十字路ないし交点を成す特異地質・

地形である。プレートの四つ巴の地域、それが日本列島なのだ。四極構造という緊張・異質性と十字路的融合という溶融性。このため、太平洋沖には日本海溝や南海トラフなどの深く巨大な海溝があり、列島下にはフォッサマグナや中央構造線という大地溝帯や大断層がある。日本海溝の最深部は八八四八メートルのエベレスト山にも相当する八〇二〇メートルで、太平洋プレートが北米プレートの下に沈み込んでできたものである。それに対して、南海トラフはフィリッピン海プレートがユーラシアプレートの下に沈み込んでできた。また、南北の巨大な地溝帯のフォッサマグナは北米プレートとユーラシアプレートの境界にあって、その境界面上に焼山、妙高山、白根山、浅間山、八ヶ岳、富士山、箱根山などが活火山ネットワークのように並んでいる。

こうした活火山の実態を日本神話と結びつけて日本の「神」の原像を特定したのが益田勝実である。益田は『火山列島の思想』（筑摩書房、一九六八年）の中で、「この日本でしか生れなかった神々、この列島生えぬきの神々」の典型が「オオナモチ（大穴持）」であると述べている。例えば、「大隈の国の海中に神ありて、島を造る。その名を大穴持の神と曰ふ。ここに至りて官社となす」などの記録から、益田は「海底噴火の神がオオナモチと呼ばれた」と推測し、それは「大きな穴を持つ神」であり、「噴火口を擁する火山そのものの姿の神格化以外ではない」と結論づけた。

日本は火山列島であり、地震列島であり、台風列島であり、豪雪列島である。夏には台風による大雨と大風が、冬には大雪と大風が吹き荒ぶ。夏は暑く冬は寒い。これほど激しく極から極へと変動する気象周期を持っている国も少ないだろう。

こうして日本列島は、世界にも稀なるプレートの十字路をなす風土特性を持ち、それが日本列島を南北に走る地溝帯のフォッサマグナと東西に走る中央構造線となって現われ、プレートの境界近くに活火山が一一〇個も活動している。東西南北からプレートがぶつかりクロスする、流動し変動する揺れる列島、それが日本列島なのである。

これに加えて、海流もまた大きく四流がある。黒潮（日本海流）、対馬海流の暖流と、親潮（千島海流）、リマン海流の寒流の二種四流である。この黒潮と親潮は太平洋の三陸沖から銚子房総沖でぶつかり、対馬海流とリマン海流は若狭沖から能登沖でぶつかり、交じり合うために、この周辺は多様な魚介類が捕獲できる最上の漁場となっている。

また、植生も主に西日本の照葉樹林帯（低地日本）と東日本のブナ・ナラ林帯（高地日本）があって、単一・単調ではない。日本列島には世界文化遺産となった富士山を始め、四〇〇〇メートル近い高低差があるので、西日本の高地にもブナ・ナラ林帯が広がっているからだ。例えば、近畿や九州の修験道の拠点地の弥山や英彦山の有数のブナ林がある。

このように、日本列島は東日本と西日本という東西の両極を持ち、さらに北国と南国という南北の両極という四極構造を持っている。この日本列島の複雑系と多様性が生み出す自然生成力が「むすひ」の神のはたらきとして感得されるのは「自然」とも「必然」ともいえる。

日本の神話伝承の中に潜在する環境思想とプレート・テクトニクスや火山学などの現代の地球科学を接合して総合的に考えることによって、「スピリチュアリティと環境」の問題をより身近に地に足を付けた形で捉えることができるだろう。

二 「草木言語」から「草木国土悉皆成仏」に至る環境思想と環境倫理

このように、日本列島の地質学的自然地理学的特質とは、地球上でも稀なる複雑性と多様性を持つものであった。加えてその上に歴史地理学的な複雑多様が上書きされた。すなわち、北方、西方、南方の三方から、半島的要素（朝鮮半島から）、大陸的要素（中国大陸から）、南島的要素（東南アジアの島嶼から）が入り込んできて、日本列島上で実にハイブリッドな文化・文明習合が生まれることになった。また、近代には東方から欧米的要素（北米・ユーラシア大陸）が入り、文明の十字路ともなった。

このように、日本列島がプレート、気候、海流、動植物相、環境、生態系、文化・文明のすべての局面で多様・多層・多元・多種であることが「風土」的条件とも胞衣ともなって、この日本列島に「やほよろずの神（八百万神）」という多神教が発生することになり、それが『古事記』や『日本書紀』や各国『風土記』の中でいくつかの伝承バージョンとして記述されている。

『日本書紀』神代下の冒頭に、古形の神々の様子が次のように記されている。

皇孫《すめみま》天津彦彦火瓊瓊杵尊《あまつひこひこほのににぎのみこと》を立てて、葦原中国の主《きみ》とせむと欲《おもほ》す。然も彼の地《くに》に、多《さわ》に螢火《ほたるび》の光《かがや》く神、及び蠅声《さばえな》す邪《あ》しき神有り。復《また》草木《くさき》咸《ことごとく》に能《よ》く言語《ものいふこと》有り。故、高皇産霊尊《たかみむすひのみこと》、八十諸神《やそもろかみたち》を召し集へて、問ひて曰はく、「吾、葦原中国の邪《あ》しき鬼《もの》を撥《はら》ひ平《む》けしむと欲《おも》ふ。当《まさ》に誰を遣さば宜《よ》けむ」。

「葦原中国」と呼ばれる日本列島には、ニニギノミコトが天孫降臨してくる前、螢の火のように光り輝く神や騒々しい音響を発する悪い神々がたくさんいて、草木も言葉を話していた。それをここでは、「葦原中国の邪しき鬼」とも位置づけ、これを打払い、平定するという。これは悪神というよりも、ちはやぶる荒ぶる火山や地震や台風の自然現象を指すのであろう。そしてこの列島＝葦原中国では「草木がみなよく言葉を話す」というのだ。これは別の言い方をするなら、自然環境が実に変化に富んだ大変動帯であったことを示している。

要するに、古来、自然神はちはやぶる荒ぶる振る舞いをしていたのだ。それを鎮めなければ、国土開発も、米作も、国家統一もできない。そのような、複雑でバラバラで統一性のない多種多神の風土をどのように統合することができるのか、それが日本の文化と思想の主題になっているといえる。それは災害多発する国土をより安全な場所に平定していって、「蠅声《さばえな》す邪《あ》しき神」が跳梁跋扈する混沌状態から秩序ある世界と社会へと変成していくということでもある。

この「草木言語（くさきこととふ）」とは自然が荒ぶるふるまいをすること、つまり火山の爆発や地震や津波や台風や洪水が頻繁に起こることを含意している。古語の「ちはやぶるカミ（神）」という語は、そのような多様な自然事象の振る舞いのダイナミックな運動と多様性の凄みを畏怖畏敬と讃頌の思いを込めて表現した言葉である。

この「カミ」という語の発明はおそらく日本人にとって大変便利な風呂敷語の発明であった。というのも、この「カミ」という一語によってさまざまな神格や神威や霊格・霊威を一括することができるからである。わたしはこの「カミ」の語の発明を「カミ・フォルダ」と言い換えて説明している。「カミ・フォルダ」とは、日本列島に住む人々が抱いてきたある特定の聖なる現象や情報や力や感情、つまりさまざまな「カミ的ファイル」を取り込んでひとまとめに総括した「フォルダ」である。「草木」を含め、さまざまな「邪しき神や鬼」が「言語」を発する。そうした「草木言語」世界を包括総称する風呂敷語＝フォルダ語が必要となったのだ。

例えば、イカヅチ（雷神）、カグツチ（火神）、ノヅチ（野神）、ククノチ（木神）、ミズチ（水神）などの「チ系ファイル」、ヤマツミ（山神）、ワダツミ（海神）などの「ミ系ファイル」、ムスヒ（産霊）、ナオヒ（直霊）、マガツヒ（禍霊）などの「ヒ系ファイル」、モノ（物）、ヌシ（主）、タマ（魂）、オニ（鬼）、ミコト（命、尊）など、ありとあらゆる神威・神格・霊威・霊格を包括できる実に便利な風呂敷語・ファイル語であった。

こうして、チ系、ミ系、ヒ系、モノ・ヌシ・タマ・オニ・ミコト系などの多種多様な神威・神格・神性、霊威・霊格・霊性を表わす「ファイル」群の中に「むすひ」の霊性のはたらきを観取し、森羅万象の運動の中に「カミ（神）」の生成と顕現を見てとる感性と想像力が「カミ（神）」という統合語・フォルダ語・風呂敷語を生み出したのである。

こうした自然地理学的・歴史地理学的・文化文明論的条件の中で、日本列島の宗教も環境思想も練成されてきたのである。つまるところ、プレート集合と文化集合の集結点ないしユーラシア環太平洋祭祀文化の交響が「神道」の基盤となっているという点で、日本列島に展開してきた「神道」は極めてユーラシア的かつ環太平洋的な自然と文化文明の立体交差の中で成立した。

こうした「風土」の中／上で、本来長らく「神神習合」という「カミ・フォルダ」形式を風呂敷語として持ってきた「神道」という土着型宗教と「仏教」という伝来宗教が「習合」して、第二ステージとして「神仏習合」という宗教複合の習合文化を生み出していった。そしてこの「神仏習合」文化は現在に至るまで日本文化の通奏低音をなしている。つまり、「神仏習合」というよく知られた文化習合形態が練り上げられる遥か以前から、日本列島は四枚のプレート集合の地で、そこに東西南北から四流の海流が流れてきて合流するという海流の十字路でもあり、そのようなプレートや海流の合流点に加えてさらにいろいろな「カミ・ファイル」が合流し、そこにユーラシア・環太平洋交響楽的に「神神習合」の文化特性ができ、その長年の土壌の上にようやくにして六世紀になって仏教が朝鮮半島から伝えられ、また中国大陸から伝えられて、列島の神祇信仰ないし神道と交じり合う「神仏習合」ができてきた。この事態を踏まえてわたしは、「神仏習合とは神神習合の一分枝（ブランチ）である」と主張している。

考えてみれば、「仏」とは「悟りを開いた人」、すなわち「Buddha（覚者）」を意味した。ところが、日本では死者のことを「ほとけ」と言ったり、死ぬこと自体を「お陀仏」と言ったりする。「ホトケ」の指示領域が日本では無制限に拡張されている。その延長線上の極点に、「煩悩即菩提」とか「草木国土悉皆成仏」という天台本覚思想が形成された。つまり、草木も国も土も「風土」もみな「成仏」する、いや、本来成仏していると捉える思想が生まれてきたのだ。これは、究極の全員（全存在）成仏思想で、仏教本来の思想と実践からすればありえないほどの飛躍である。しかし、このような「草木国土悉皆成仏」と命題化される天台本覚思想を支えたのが「草木言語」や「神神習合」の「カミ・フォルダ」であり、そこに最大限に拡張された天台ソフトとして「ホトケ・フォルダ」が開発・発明されたのである。「草木言語」から「草木国土悉皆成仏」までの日本列島型イノベーションは、この日本列島の風土の中では理に適った展開であったといえるだろう。

末木文美士は『草木成仏の思想――安然と日本人の自然観』（サンガ、二〇一五年）において、「草木国土悉皆成仏」という本覚思想の緒言をなす安然の『勘定草木成仏私記』を分析し、「本覚思想においては、草木にありのままのすがたをそのまま成仏のすがたと見るが、これもその根底に安然的な真如を考えると分かりやすい。草木は草木のまま、地獄は地獄のまま、無常は無常のままでよい、というのは、それらがすべて真如の随縁したすがただと考えれば、理解できる」、「草木を含む非情の環境世界も、主体である有情世界も、すべてが同等に真如でおおわれることにより、その区別がなくなる。それ故、有情が自ら成仏するのであれば、非情もまた自ら成仏すると考えられなければならないことになる」と述べている。安然（八四一―九一五）は『教時問答』の中で、煩悩即菩提、生死即涅槃、凡夫即諸仏などの一種の「反対物の一致」の論理を全面展開した。そうした連続性や即時転換ないし即時接続・変容が可能なのは、それをつなぐ根源的な仏力として「真如」が存在するからと考えた。そこからさらに『三十四箇事書』中の「草木成仏の事」などにおいて、そうした根源的な実体力も削除した「ありのまま主義」が誕生し、それが天台本覚思想の典型的な論法となったと末木は推測している。

本書の「日本列島と環境思想」の論文中に湯本貴和が山形県米沢市に建立された「草木供養塔」に「一佛成道観見法界草木国土悉皆成佛」の碑文が刻まれていることを紹介しているが、この言葉は『中陰経』からの引用とされるものの元の原本には出てこず、安然の『勘定草木成仏私記』の中で『中陰経』からの引用として使われ、それが謡曲などでも提携表現のように使われ一般に広がった。

安然はなぜ「草木成仏」という問題にこだわったのだろうか？

安然のほぼ同時代で一〇歳ほど年長の天台僧に相応（八四一―九一八）がいる。その相応が、『法華経』第二十常不軽菩薩品に描かれた出逢ったすべての人々を礼拝する常不軽菩薩の行為と思想に基づいて、すべてのものに仏性を見出し（「一切衆生悉有仏性」）礼拝して回る修行として千日回峰行を開創したとされるが、安然は比叡山におけるこのような天台千日回峰行の初期形をなす相応の万物礼拝行のありようなどにも刺激されつつ、すべての存在が成仏する思想として「草木成仏」思想の確立に執心したのではないだろうか。そこに、平安期の山岳仏教の拠点であった比叡山における修行と教学の相乗作用的な深化が見てとれるのではないだろうか。

いずれにしても、「一佛成道観見法界草木国土悉皆成佛」の思想は、回峰行などによる行の裏付けなしに実感を持って「草木国土悉皆成仏」と断言できる根拠はなかったとわたしは考える。しかし、比叡山山中を歩き、美しい琵琶湖水や山並みや植物の生育を見ていると、それらがそのまま浄土の光景に見えてくる。いのちあるものはそのままで美しく、完成されているというのは、山岳修行者の実感である。後の修験道もそのような本覚思想を受け継いだ即身成仏思想を持っているのである。

そのことをわたしは『山の神々と修験道』（監修、青春出版社、二〇一五年）の中で次のように書いた。


修験道とは、この身をもって天地自然の中に分け入り、そのエネルギーに浸され、賦活されて、天然自然の力と叡智を感受・理解し、それを有情無情の存在世界に調和的につなぎ循環させていく知恵

雪の比叡山

延暦寺戒壇院

とワザの体系と修道である。わたしはその知恵を「生態智」の獲得と体現であると位置づけている。「生態智」とは、「自然に対する深く慎ましい畏怖・畏敬の念に基づく、暮らしの中での鋭敏な観察と経験によって練り上げられた、自然と人工との持続可能な創造的バランス維持システムの知恵と技法」である。／早い話が、たとえば雲仙や阿蘇山や御嶽山や富士山などの噴火を見て、そこに「畏怖・畏敬の念」を感じ、そのような火山活動や地形や地質や気象のあり方をよく観察して、その自然のふるまいに逆らうことなく、うまくその力を受け止め生活の中に生かそうとする自然主義的生命主義的生活文化である。／だが、修験道はそれだけではない。そこには、諸種の技芸が結集している。その意味で、修験道は「一大総合学道技芸」なのである。そこには、金属技術も生産技術も薬学も医療も、呪術も宗教も自然哲学も、土建業もコミュニケーション術も異種間コミュニケーションも異次元コミュニケーションも、すべてがある。だから、それを活かしきることができれば必ず未来はある。それは宝の山であり、エコロジカルな意味で、いのちをかけて継承・発展・活用させていく必要があるものだ。／もちろん、修験道は、現代でいう「科学（サイエンス）」ではない。だが、科学が事象の正確で精密な観察や理解から始まってそのメカニズムを解明し、人間世界に活用させようとするはたらきであるとするならば、修験道にもそのような意味での科学性はある。何よりもそれは自然体験を第一にする「フィールド科学」なのだから。単なる呪術や宗教ではない。独自のフィールド科学に基づく自然哲学と生活技術がある。修験者は「山伏」、つまり山に伏して、歩き回り、よく見、聞き、祈り、その力と知恵を生きる糧とする。それは「山伏」であり「山師」である。山を師匠とする山の師匠・マスターである。／そのようなポジティブな意味での「山師」文化、「山伏」文化の再発見と再興が二十一世紀の生き方・暮らし方に大きなヒントと力になる。

と。だからこそ、本シリーズ第一巻『スピリチュアルケア』においても、この「生態智」の思想を日本のスピリチュアルな環境思想と捉え、日本の「スピリチュアルケア spiritual care」は、「ナチュラルケア natural cere-healing through nature」を含む「風土臨床」（加藤清）と連結しながら、日本列島の多様な「声」を聴きとり、「草木言語」が「草木国土悉皆成仏」に向かっていく長い道のりを辿っていかなければならないと主張したのである。

三　日本近代の環境思想および環境倫理の先駆者としての南方熊楠と宮沢賢治

それでは、このような『古事記』に記された「草木言語」世界から平安期以降の「草木国土悉皆成仏」という天台本覚思想の命題を近現代から未来に接続する思想家・実践者として、南方熊楠（一八六七―一九四一）と宮沢賢治（一八九六―一九三三）と石牟礼道子（一九二七―）を挙げておきたい。南方熊楠は真言密教の「曼陀羅」思想をロンドンで学んだ最新の「生態学（ecology）」と接合し、宮沢賢治は天文学や相対性理論の宇宙論を法華経の思想と接合し、石牟礼道子は天草や水俣の土着の民俗思想を公害問題と文明論に接続した。その三者ともに本巻『スピリチュアリティと環境』に絶大なる発信力とメッセージを放っている。

南方熊楠は、ロンドン遊学中に、一九〇四年（明治三七）三月二四日付け土宜法竜宛書簡の中で、「この世界のことは決して不二ならず〔二つではない、一つとして同じものはない〕、森羅万象すなわち曼荼羅なり。その曼陀羅力を応用するの法およびその法あるべき理論を精述するなり。むやみに未熟で世に出すときは大害を生ずるものゆえ、まず仁者に真言として伝えんと思うなり。事実の条述は大抵左のごとし。／（一）箇人心は単一にあらず、複心なり。すなわち一人の心は一にあらずして、数心が集まりたるものなり。この数心常にかわりゆく、またかわりながら以前の心の項要を印し留めゆく（このことは予実見せしことなり）。（二）しかるに、複心なる以上はその数心みな死後に留まらず。しかしながら、またみな一時に滅せず、多少はのこる（予は永留の部分ありと信ず）。（三）右を実証す。（四）天才（genius《ジェニウス》）のこと。坐禅などはこの天才を涵養する法なり。しかるに、なにか大胆になるとか不平をしのぐとか心得は残念なり。不意に妙想出で、また夢に霊魂等のことあり。これ今日活動する上層の心機の下に、潜思陰慮する自心不覚識（アラヤ）の妙見をいう。（中略）（五）静的神通（遠きことを見る、聞く等なり）。（六）幽霊。（七）動的神通（遠きことを手でかきまねで示す等なり。南方金粟如来の秘密事なり）。（八）入定。（九）実用。（十）教用。（十一）真言宗向来の意見」と書き送った。

ここで南方熊楠は、「森羅万象」が「曼荼羅」であること、そしてその「曼陀羅力」の応用法を秘密の「真言」として伝えるとその意気込みを土宜法竜に向かって述べている。「森羅万象」が「曼陀羅」であるとは、万物が相互に関係し合い入り組み合っているという認識で、後年の生態学的（ecological）認識の下地となるものだ。

南方熊楠はまた、事不思議、物不思議、心不思議、理不思議、大日如来の大不思議の五種の「不思議」を弁別し、「物不思議」を物理学、「心不思議」を心理学、「理不思議」を数学に比定し、これら四不思議を超える五番目の「不思議」が「大日如来の大不思議」であると主張している。「大日如来」とはもちろん真言密教の根本仏、「法身」である。

このような天台本覚思想とも相通じる真言的な大不思議思想や曼陀羅思想に基づきながら南方熊楠は「神社合祀反対運動」を展開する。

その前に南方熊楠が「草木成仏」思想とも通じる「草木の申し子」というような自覚を持っていたことを指摘しておきたい。南方熊楠は、一九二〇年（大正九）に発表した「南紀特有の人名――楠の字をつける風習について――」の中で、「予が氏とする南方苗字の民など、子産まるるごとにこれに詣で祈り、祠官より名の一字を受く。楠、藤、熊などこれなり。この名を受けし者、病あるつど、件の楠神に平癒を禱る。知名の士、中井芳楠、森下岩楠など、みなこの風俗によって名づけられたるものと察せられ、今も海草郡に楠をもって名とせる者多く、熊楠などは幾百人あるか知れぬほどなり。予思うに、こは本邦上世トテミズム行われし遺址の残存せるにあらざるか」と述べ、さらに死去する二年前の一九三九年（昭和一四年）三月一〇日、土宜法竜の弟子の水原堯栄に宛てて「小生は藤白王子の老樟木の申し子なり」と書き送っている。「藤白王子」は和歌山県海南市にある、境内に楠の巨木を持つ神社で、九十九王子の中で特に「五体王子」と呼ばれた別格王子社の一社である。「藤代王子」とか、「藤代神社」とか「藤白権現」とか「藤白若一王子権現」とも呼ばれる熊野参詣道（熊野古道）の入り口に位置する神社である。この神社の摂末社が楠社で、南方熊楠はこの藤白王子社の宮司に名前を付けてもらった。そこで「楠」に対しても「熊」野に対しても特別の思いがあったのだ。

神仏習合的熊野密教と楠。南方熊楠の生命研究（植物学）と民俗学（人間生活学）と神社合祀反対運動との接合点は、熊楠の神仏習合マンダラ的密教理解と藤白神社に対する深い思いを基盤として支えられていたといえる。南方熊楠の神社合祀反対運動の直接的なきっかけは祖母の関わりのあった大山神社を守るためであった。

大山神社は大山祇命を主祭神として祀る日高郡内の神社で、秀麗な神奈備型の円錐形をした「大山」の中腹に鎮座していた。この大山神社は熊楠らの激烈な合祀反対運動で、しばらく合祀することが見合されていたが、一九一三（大正二）一〇月に土生八幡神社に合祀され、熊楠は激怒し、一九〇九年（明治四二）一二月七日付けの従弟の古田幸吉宛て書簡に、「大山神社を再興せし宮所氏は我等御同前の祖母の出たる家の由、尊父善兵衛氏より承り居り候」と書き送り、翌一九一〇年（明治四三）四月三日付けの『牟婁新報』の「一杉日高郡長宛書簡」と題する投稿記事に、「大山神社は、小生外祖母（亡父の母、但し小生亡父は向畑氏に生れながら、和歌山の南方の家に養嗣となり、小生共を生み候故、ここには外祖母と申し候）の生家宮所氏が文亀年間再興致してより四百余年に相成り、古えに社人十二家有之、浅野氏、徳川氏藩主たる間、篤く崇敬され、殊に徳川吉宗公幼年の時、疱瘡の祈願の験著しかりし故を以て、公、征夷大将軍と成るに及び、年々神饌料として米十二石を寄せられ候いき」と記している。また翌一九一一年（明治四四）年五月二五日付けの柳田國男宛て書簡にも、「小生の祖先が四百年来奉仕し来たれる大山神社（中略）も、今にその材木を利とし合祀を逼（せま）られおり、村民いずれも愚にして目前の利慾に目がくれ、小生の従弟等わずかに五戸を除くのほかは、合祀合祀と賛動し、小生一族は僅々の人数にてこれに抵抗し、今日まで無難に保留したれども、今秋までに是非つぶし見んなどと、日高郡吏等いきまきおる由。かかる郡吏を放縦ならしむるは、祖先崇拝を主張する政府の真意にあらざること万々にて、あまりに大勢大勢いうて何が大勢やら、ただただ衆愚の目前の利欲をのみ標準とし往くも、国家独立の精神を養う所以にあらざるべしと思う。（目前の私欲に目がくれ、祖先以来崇敬し来たれる古社を潰して快とするようなものは、外寇に通款し内情を洩らすほどのことを何とも思わぬこと当然なり。）」、同六月二六日付けの書簡には、「熊野はその植物帯半熱帯地のことゆえ、古来神社に樟あり、これを神体とし来たりたるに候て、これを伐るは何となく神の威厳を損じ候」と書き送っている。これらを読むと、大山神社と「樟」がどれほど重要であったかがよくわかる。南方熊楠は柳田國男に熊野地方の神社合祀反対に支援を依頼し、最後の文を「音にきく熊野《くまの》櫲樟《くす》日《ひ》の大神も柳の影を頼むばかりぞ」と締め括った。

　南方熊楠はつねづね「小生畢生の事業の中心基礎点たる神林」と言っていたが、一九〇九年（明治四二）九月三〇日付けと一〇月三日付けの『牟婁新報』に熊楠は、「楠見郡長に与る書㊤㊦」と題する神社合祀反対論を寄稿し、そこで熊楠は自身の海外遊学体験などを述べつつ、帰国後紀州の山地などで粘菌や植物の新発見をしたこと、それが田辺湾や近隣の神社の「神林」中から見出された新種であること、それゆえ神社の「神林神池」は「学術上至珍の品も夥」しい生命の宝庫であることを説き明かし、糸田の猿神様と御子の浜の神楽神社の二社で粘菌やリゾソレエアの新種を発見したことを挙げ、田辺湾や龍神山などを持つこの地は「新種珍品に富だること、土は本州に続きながら、境は終已に亜熱帯の精を尽」しているまさに生命多様性の宝庫の土地柄であるから「現状のままに保護」することが必要だと主張した。そして、「本郡の役人等、無茶苦茶に神社合祀合併の事をせき立て、五村辺は已に宮木一本ものこらず、追い追い当田辺湾に及んで、昨今急に其事を迫り、宮木を伐る評定所々に絶えず、折角数千万年永続し来たりし生物にして、此果たして全国に遂行し得るか否か頗る疑わしき訓示の濫用のために一たび跡を絶ば再び見るを得ざるの場合に及べる者の多きは、実に歎きても余りありというべし」と述べ、「宮木」を伐ることが数千万年も永続してきた生命を絶滅させることだと力説したのだ。

この時分、神社合祀によって廃社となった多くの神社の「宮木」は民間に払い下げられて伐採され、売り払われた。そんな利得目当ての「宮木」の伐採に南方熊楠は猛反対した。南方熊楠は言う。「合祀全く終らば山頂の樹木追い追い濫伐され、神泉水絶て奇藻珍卉も枯れはて、従て流水跡を滅して、山下両村の岸崩れ出し、道路修復に夥しく迷惑することと思わる」と。森を守ることが川や海や村や町を守ることにほかならないという、田中克の提唱する「森里海連環学」と相通じる生態学的連鎖と因果関係的円環を南方熊楠ほど切実に危機感を持って感じとっていた人はいなかった。

南方熊楠の神社合祀反対運動は八つの論点で構成されている。一九一二年（明治四五）二月九日付けの東京帝国大学農学部教授白井光太郎宛ての書簡で南方は次のように述べている。「神社合祀は、第一に敬神思想を薄うし、第二、民の和融を妨げ、第三、地方の凋落を来たし、第四、人情風俗を害し、第五、愛郷心と愛国心を減じ、第六、治安、民利を損じ、第七、史蹟、古伝を亡ぼし、第八、学術上貴重の天然記念物を滅却す。」続けて、「当局はかくまで百万に大害ある合祀を奨励して、一方には愛国心、敬神思想を鼓吹し、鋭意国家の日進を謀ると称す。何ぞ下痢を停めんとて氷を喫《くら》うに異ならん。かく神社を乱合し、神職を増置増給して神道を張り国民を感化せんとの言なれど、神職多くはその人にあらず。おおむね我利我欲の徒たるは、上にしばしばいえるがごとし。国民の教化に何の効あるべき」と述べている。

明治政府は国民教化の第一目標に「敬神愛国」を掲げた。南方熊楠はそうした明治政府の建前を逆手に取って、神社合祀は政府が進めてきた「敬神」や「愛国」に逆行するどころか、それを破壊する政策であるとカウンターパンチを放つ。さらに続けて南方は、「わが国の神社、神林、池泉は、人民の心を清澄にし、国恩のありがたきと、日本人は終始日本人として楽しんで世界に立つべき由来あるを、いかなる無学無筆の輩にまでも円悟徹底せしむる結構至極の秘密儀軌たるにあらずや。加之《しかのみならず》、人民を融和せしめ、社交を助け、勝景を保存し、史蹟を重んぜしめ、天然記念物を保護する等、無類無数の大功あり」と主張する。

神社の森と泉や池がいかに人々の心を清らかなものにするものであるか、そしてそれがどれほど深く日本人としての誇りやアイデンティティを基礎づける存在感覚であるか、すべての日本人に体感・体得できる存在価値、それが美しい「神林、池泉」を持つ「鎮守の森」である。それこそが、人民融和と社交と景観および史蹟保存と天然記念物保護などすべてを内含する「秘密儀軌」の聖なる場所だと主張する。

ここで南方熊楠は「エコロギー（ecology）」という言葉を使って生命の宝庫としての神社の森（鎮守の森）を守り、そのいわば社会運動を生態学的な生命研究と接合する。この点で、南方熊楠は宮沢賢治と並ぶ、日本近代における「生態智」思想探究の先駆者である。和歌山県知事川村竹治に宛てた書簡中には、「殖産用に栽培せる森林と異《かわ》り、千百年来斧斤《ふきん》を入れざりし神林は、諸草木相互の関係はなはだ密接錯雑致し、近ごろはエコロギーと申し、この相互の関係を研究する特種専門の学問さえ出で来たりおることに御座候」、柳田國男宛て書簡中には、「昨今各国競うて研究発表する植物棲態学ecologyを、熊野で見るべき非情の好模範島（神島のこと）」とある。

この「千百年来斧近を入れざりし神林は、諸草木相互の関係はなはだ密接錯雑致し」という熊楠の記述は、まさに生命のミステリー場としての神社の森の生命精髄であり、その具体的な場所の記憶が田辺湾に浮かぶ美しい「神島」という「非情の好模範島」であった。千年単位で樹を伐らずに守ってきた「神林」は多様な草や木が相互に「密接錯雑」し、エコロジカルな相互関係や循環性に支えられている。その模範型が田辺湾に浮かぶ「神島」だ。グローバルな地球世界を守るためには個別の各地域のローカルで小さな森を守らなければならない。それを守ることが最大の公共である。南方熊楠の環境思想と環境倫理は明白にその方向を指示している。

こうして、コミュニティの生産と消費、つまり地産地消の原点は、山・森（奥山・里山）―野原―田畑―川―海の連環の中にある。風呂敷語としての「カミ・フォルダ」に織り込まれた一つ一つの具体的な「カミ・ファイル」は、小さな地域の森の細部に、個別具体の中に宿る。その「カミ」の「敬神」感覚と思想に南方熊楠の生涯は刺し貫かれている。こうして、「藤白王子の老樟木の申し子」という自覚と畏怖の感覚を南方熊楠は生涯にわたり保持し続けたのである。

修験的な野のフィールド科学者であり、神社合祀反対運動や羅須地人協会の提唱実践者として社会活動家でもあった点で、南方熊楠と宮沢賢治は共通するところが多い。そればかりか、彼らの環境思想と環境倫理の根底に即身成仏思想や天台本覚思想的な真如思想があった点でも共通点を見出せる。加えて、アニミスティックでシャーマニスティックな感性や神秘体験も共通する。

例えば宮沢賢治は、「シャーマン山の右肩が／にはかに雪で被はれました」（「測候所」）と、「シャーマン山」という言葉を用いて早池峰山のことを詩に歌っていたし、シャーマニズムやアニミズム的な万物との交歓を法華経の生命思想で包含し、それを「四次元」や「無意識」の物理学や天文学や心理学と結合していた。また、一九二四年（大正一三）に自費出版した『注文の多い料理店』序には、

わたしたちは、氷砂糖をほしいくらゐもたないでも、きれいにすきとほった風をたべ、桃いろのうつくしい朝の日光をのむことができます。

またわたくしは、はたけや森の中で、ひどいぼろぼろのきものが、いちばんすばらしいびろうどや羅紗や、宝石いりのきものに、かわっているのをたびたび見ました。

わたくしは、そういうきれいなたべものやきものをすきです。

これらのわたくしのおはなしは、みんな林や野はらや鉄道線路やらで、虹や月あかりからもらってきたのです。

ほんとうに、かしわばやしの青い夕方を、ひとりで通りかかったり、十一月の山の風のなかに、ふるえながら立ったりしますと、もうどうしてもこんな気がしてしかたないのです。ほんとうにもう、どうしてもこんなことがあるようでしかたないということを、わたくしはそのとおり書いたまでです。

ですから、これらのなかには、あなたのためになるところもあるでしょうし、ただそれっきりのところもあるでしょうが、わたくしには、そのみわけがよくつきません。なんのことだか、わ

けのわからないところもあるでしょうが、そんなところは、わたくしにもまた、わけがわからないのです。

けれども、わたくしは、これらのちいさなものがたりの幾きれかが、おしまい、あなたのすきとおったほんとうのたべものになることを、どんなにねがうかわかりません。

大正十二年十二月二十日　宮沢賢治

と記した。「きれいにすきとおった風をたべ、桃いろのうつくしい朝の日光をのむ」のは、比叡山山中を日々回峰する天台千日回峰行者のリアルな感覚でもあったし、「草木国土悉皆成仏」と命題化される本覚思想の存在論でもあった。また、「はたけや森の中で、ひどいぼろぼろのきものが、いちばんすばらしいびろうどや羅紗や、宝石いりのきものに、かわっているのをたびたび見ました」とは、同じく天台本覚思想の煩悩即菩提、凡夫即諸仏の真如論の命題の具体的事例といえる。さらにまた、「わたくしのおはなしは、みんな林や野はらや鉄道線路やらで、虹や月あかりからもらってきたのです」とは、『古事記』に言う「草木言語《くさきことどふ》」アニミスティックかつシャーマニスティックな事態そのものである。実際、『注文の多い料理店』では、岩や風や木々や月が賢治に語りかけ、「ほんとうにもう、どうしてもこんなことがあるようでしかたないということを、わたくしはそのとおり書いたまで」だということを賢治は独白しているが、「そのとおり」のリアルであった。

要するに、南方熊楠も宮沢賢治も共に、草木虫魚の語る声を聴き取り、媒介した異種間コミュニケーションの達人であった。そこから生み出されてくる生態智を宿す場所の記憶に基づく環境倫理は、『風の谷のナウシカ』（宮崎駿）のような、森の声を聴き、森といのちの未来を守ろうとする生き方であった。賢治はそのような生き方を「生徒諸君に寄せる」の中で次のように謳い上げている。

新らしい時代のコペルニクスよ
余りに重苦しい重力の法則から
この銀河系統を解き放て

新らしい時代のダーウヰンよ
更に東洋風静観のキャレンヂャーに載って
銀河系空間の外にも至って
更にも透明に深く正しい地史と
増訂された生物学をわれらに示せ

衝動のやうにさへ行はれる
すべての農業労働を
冷たく透明な解析によって
その藍いろの影といっしょに
舞踊の範囲に高めよ

（中略）

新たな詩人よ
嵐から雲から光から
新たな透明なエネルギーを得て
人と地球にとるべき形を暗示せよ

新たな時代のマルクスよ
これらの盲目な衝動から動く世界を
素晴しく美しい構成に変へよ

新しい時代のコペルニクスは新しい四次元的で銀河意識的な宇宙論によって生きる。新しい時代のマルクスは新しい菩薩社会論と舞踊労働論を持って生きる。新しい時代のダーウィンは新しい地球進化と生命進化の生命存在論に基づいて行動する。そして、新しい時代の「詩人」は、「嵐から雲から光から／新たな透明なエネルギーを得て／人と地球にとるべき形を暗示」する、新世界の到来と生き方を告げる預言者なのである。

南方熊楠と宮沢賢治は共にそのような預言者であったことは間違いない。そしてその方向は二一世紀の環境思想とスピリチュアリティの先駆モデルであると言える。

むすび——石牟礼道子『苦界浄土』が発信する場所の記憶と環境倫理のメッセージ

二〇世紀の初めに南方熊楠と宮沢賢治という二人の「M・K」が先駆的に示した預言的メッセージをその身に受肉したのが石牟礼道子である。熊本県天草生まれの石牟礼道子が生来保持してきた存在感覚は、森羅万象に神仏が宿り、霊性が備わり、そのままで成仏し神聖であるというアニミスティックな天台本覚思想と共通のものであった。加えてそこに、末法思想の登場した中世に顕在化した凡夫や業苦の自覚や代受苦の思想が織り込まれた。

『苦海浄土　わが水俣病』に描かれた胎児性水俣病を患う江津野杢太郎少年（九歳）の祖父の次のような独白は天台本覚思想の切実なる現代版である。


杢よい。お前やききわけのある子じゃって、ようききわけろ。お前どま、かかさんちゅうもんな持たんとぞ。

お前やのう、九竜権現さんも、こういう病気は知らんちいわいた水俣病ぞ。

（中略）

かかさんのことだけは想うなぞ。想えばお前がきつかばっかりぞ。

思い切れ。思い切ってくれい、杢。

かかさんの写真な神棚に上げてある。拝めねえ。拝んでくれい。かんにんしてくれい。お前ばこのよな体に成《な》かして。

神棚にあげたで、かかさんなもう神さんぞ。この世にゃおらっさん人ぞ。みてみれ、うちの神棚のにぎやかさ。一統づれ並んどらすよ神さんたちの。あの衆《し》たちば拝んでおれば、いっちょも徒然《とぜん》のうは無かぞ。

お前やね、この世にも持っとるばってん、あの世にも、兄貴の、姉女のと、うんと持っとる訳ぞ。この家にこらす前じゃあるが、同じかかさんの腹から生まれた赤子ばっかり。すぐ仏さんにならいた。ここに在《お》らす仏さんな、お前とはきょうだいの衆たちぞ。

石の神さんも在らすぞ。

あの石は、爺やんが網に、沖でかかってこらいた神さんぞ。あんまり人の姿に似とらいたで、爺やんが沖で拝んで、自分にもお前どんがためにも、護り神さんになってもらおうと思うて、この家に連れ申してきてすぐ焼酎《おみき》ばあげたけん、もう魂の入っとらす。あの石も神さんち思うて拝め。

爺やんが死ねば、爺やんち思うて拝め。わかるかい杢。お前やそのよな体して生まれてきたが、魂だけは、そこらわたりの子どもとくらぶれば、天と地のごつお前の魂のほうがずんと深かわい。泣くな杢。爺やんのほうが泣こうごたる。

（中略）

あねさん、この杢のやつこそ仏さんでござす。

こやつは家族のもんに、いっぺんも逆らうちゅうこつがなか。口もひとくちもきけん、めしも自分で食やならん、便所もゆきゃならん。それでも目はみえ、耳は人一倍ほげて、魂は底の知れんごて深うござす。一ぺんくらい、わしどもに逆ろうたり、いやちゅうたり、ひねくれたりしてよかそうなもんじゃが、ただただ家のもんに心配かけんごと気い使うて、仏さんのごて笑うとりますがな。

（中略）

おるげにゃよその家よりゃうんと神さまも仏さまもおらすばって、杢よい、お前こそがいちばんの仏さまじゃわい。爺やんな、お前ば拝もうごだる。お前にゃ煩悩の深うしてならん。

あねさん、こいつば抱いてみてくだっせ。軽うござすばい。木で造った仏さんのごたるばい。よだれ垂れ流した仏さまじゃばって。あっはっは、おかしかかい杢よい。爺やんな酔いくろうたごたるねえ。ゆくか、あねさんに。ほおら、抱いてもらえ。

ここでは「神棚」に上げられたものはみな「神さん」となり、胎児性水俣病として生まれついた杢太郎少年こそが魂の深い「いちばんの仏さま」として江津野老人によって語られるが、そのまなざしはすべての衆生に仏性を見出して礼拝した常不軽菩薩の精神と通底する。もっとも深刻な胎児性水俣病という病苦に置かされた者こそが「いちばんの仏さま」に反転するという慈悲と諦念に満ちたパラドクシカルな反対物の一致のまなざし。煩悩即菩提あるいは凡夫即諸仏という中世的な逆理の射像。本覚思想と代受苦思想との咬合。メチル水銀に侵された水俣の「苦海」こそが、汚濁に満ちた現世の中に「浄土」や神仏を顕現させる場所と機縁となるという逆説。石牟礼道子が紡ぎ出す『苦海浄土』の過激なる福音。

石牟礼道子は『苦海浄土』の文庫版あとがきの中で、「白状すればこの作品は、誰よりも自分自身に語り聞かせる、浄瑠璃のごときもの、である。／このような悲劇に材をもとめるかぎり、それはすなわち作者の悲劇でもあることは因果応報で、第二部、第三部執筆半ばにして左眼をうしない、他のテーマのこともあって、予定の第四部まで、残りの視力が保てるか心もとなくなった。視力より気力の力がじつはもっと心もとないのである」と記している。これが今から四三年前の一九七二年のことであった。

左眼を失ってから四三年。石牟礼道子は見えない「左眼」で「魂」の深みを覗き込み、見える右眼で現実世界の出来事や交渉の過程を見る。顕幽の両界を覗き見、往き来しながら、凸と凹との反転と逆理を見つめ続ける。光と闇。仏と魔。病気と健康。煩悩と悟り。そのような現象的な二元対立を柔らかくねじりつなぐ菩薩の慈悲のまなざしで。

石牟礼道子は『苦海浄土』をまとめる前、こうした「苦海」のありようを予見していた。昭和三〇年代（一九五〇年代）に書いた詩「木樵り」の中で石牟礼道子はこう記している。

まぼろしの湖の上にひらくひとすじの道をあるいて
まだ息絶えぬ原始を看とりに
わたしは急ぐ

そしてこのすぐ前の行には、「わたくしは精霊たちの母になる／わたくしは沐浴をすます／そこにみんなのための泉をほる」と書いている。

「息絶えぬ原始」を再生させる「みんなのための泉」。石牟礼道子が天地海の「渚」に現出させようとしているのは、一貫して、そのような祈りの湧き起こる「泉」であった。そしてそれは、水俣病や放射能汚染などのなかった一一五〇年前の天台千日回峰行の創始者とされる相応とは形こそ異なるものの、常不軽菩薩の仮現する相を呼び出す祈りと歌（詩）とワザヲギであった。

『苦海浄土』には、文字通り、水俣という「苦海浄土」が坂上ゆきの語りとして次のように語られる。

海の水も流れよる。ふじ壺じゃの、いそぎんちゃくじゃの、海松じゃの、水のそろそろと流れてゆく先ざきに、いっぱい花をつけてゆれよるるよ。

わけても魚どんがうつくしか。いそぎんちゃくは菊の花の満開のごたる。海松は海の中の崖のとっかかりに、枝ぶりのよかとの段々をつくっとる。

ひじきは雪やなぎの花の枝のごとしとる。藻は竹の林のごたる。

海の底の景色も陸《おか》の上とおんなじに、春も秋も夏も冬もあっとばい。うちゃ、きっと海の底には龍宮のあるとおもうとる。夢んごてうつくしかもね。海に飽くちゅうこた、決してなかりよった。

どのようにこんまか島でも、島の根つけに岩の中から清水の湧く割れ目の必ずある。そのような真水と、海のつよい潮のまじる所の岩に、うつくしかあをさの、春にさきがけて付く。磯の香りのなかでも、春の色濃くなったあをさが、岩の上で、潮の干いたあとの陽にあぶられる匂いは、ほんになつかしか。

この坂上ゆきの語りは、先に引いた江津野老人の語る神仏感と双対をなす「草木国土悉皆成仏」を命題とする本覚思想と交響する存在感覚である。ここに、古代から現代まで、いや未来までを眼差し貫く列島の「スピリチュアリティと環境思想」が確かにしかも活き活きとしなやかにたくましく息づいている。その生態智を宿す場所の声を聴き取り、経験と記憶の糸を辿り織り成しながら生きること、この太古からの環境倫理のメッセージはシンプルで深く鋭い。

「草《くさ》木《き》言《こと》語《と》」う声をよく聴き、生きよ。天籟・地籟の響きに共振・感応して、生きよ、と。

注

1　中村元は一九四八年『東洋人の思惟方法』上下をみすず書房から上梓した。その後、それを『中村元選集第一巻　インド人の思惟方法』『第二巻　シナ人の思惟方法』『第三巻　日本人の思惟方法』『第四巻　チベット人・韓国人の思惟方法』（春秋社、一九八九年）として再版した。中村元は、その著の「第二章　与えられた現実の容認」の中で、次のように記している。「中世の日本においては、草木にも精神があり、さとりを開いて救われることもできるという思想が一般に行なわれていた。すなわち、非情（＝精神をもたない自然界の物体）も成仏するという思想は、天台の諸法実相の観念にもとづいて成立したものであるが、日本においては、とくに強調された。日本天台においては重要な研究課題であり、日蓮宗にも継承され、日蓮は、『法華経』が草木成仏をも説いているということのうちに、『法華経』の優越性を認めようとしている。日本の仏書においてはしばしば『一仏成道して、法界を観見せば、草木国土、悉く皆な成仏す』という詩句がのせられている。このような見解は謡曲のうちにしばしばあらわれ、当時の社会的・宗教的通念となっていた。『かかる貴き上人の御法の声は、草木までも、成仏の縁ある結縁なり。……衆生称念必得往生の功力に引かれて草木までも仏果に至る。……朽木の柳の精、御法の教なかりせば、非情無心の草木の台に到る事あらじ』（『遊行柳』）。謡曲の『胡蝶』は法華妙典の功力によって虫の成仏することをいい、『杜若』『西行桜』『藤』『芭蕉』は草木成仏をいい、『殺生石』はもともと仏たりうる性質はあるのであるが、衣鉢を授けることによって石を成仏させるのである。近世になっても浄瑠璃『三十三間堂棟由来』においては、浄土真宗の信仰に関連させて、柳の木が成仏するということを主題としている。『末世に栄える本願寺、あみだの血脈退転なく、後五百年の末法有縁、草木国土皆成仏。』／日本の中古天台の口伝法門においては、草木成仏の思想をさらに一歩進めて「草木不成仏」を説くにいたった。その説によると、ありとあらゆるものが、いかなる修証（修行やさとり）をも借りることなく、そのまま仏である。草木のみならず山河大地一切がそのまま本有本覚（本来存するさとり）の如来なのであり、仏という別のものになるのではない。だから不成仏なのである。／日蓮の思想のうちにも、われらはすでに救われていると解する傾向が見られる。（中略）／ここにおいて現実肯定の思想が行きつくところまで行きついたということができるであろう。／草木にまで精神性を認めるという思想は、インド仏教にもすでにあらわれている。のみならずインドの哲学諸学派がこのような見解を採用している。しかしインドの多くの哲学思想によると、生きとし生けるものは明知（vidyā）によって解脱しうるのであって、草木が草木のままで成仏するという思想は説かれていないようである。（中略）／日本人は一般に山川草木を愛し、自然にあこがれた。日本人の衣服の模様には花鳥草木を描き、料理にも季節のものを用い、原形をすっかり破壊するほどには調理せず、できるかぎり自然のままのかたちを尊重する。（中略）／日本人は感覚的な自然世界の美を尊重し、そこに絶対の世界の顕現を認めようとする。（中略）／ここには、自然世界を呪わしいもの、陰惨なものと見なす見解は少しも存在しない。（中略）／それでは、日本人一般のあいだに、与えられた現象世界に即して絶対者を把捉するとか、あるいは自然を愛好するとかいう思惟方法の特徴があらわれたのは、なぜであろうか？　日本の風土は概して気候が温和で風光がうるわしい。湿潤な気候は、モンスーン地帯のなかでも、とくに草木を密生させ、しかもそれが人間にとって威圧的なものとはならず、むしろ人間に親和感を与える。日本の風光がうるわしいということは、かならずしも日本人の独断とかお国自慢ではなくて、日本へきた外国人あるいは日本へきたことはなくても日本の映画を鑑賞する外国人がひとしく発する評価のことばである。この風土においては、自然は人間に敵対するものでもなく、また威圧するものでもなく、むしろ親和感をもってわれわれを迎えるものと感じられた。そこで、その結果として、自然は人間にとって比較的に恵み深いものであると受けとられた。もちろん天災地変が多いということは日本の国土のひとつの大きな特徴であるが、それらは一時的な現象であり、毎日二十四時間を通じて人間に対している自然は、心理的には明らかに異なった印象を与える。そこで日本人は一般に自然を嫌わないで、むしろ愛好し、また自然を恐ろしいもの、威圧的なものとも考えないで、むしろ親しいものとみなした。したがって自然は人間に対立するものではなくて、むしろ人間と一体になるものと考えられた。こういう理由が潜在するのではないか、と思われる。」（二一一―二一二頁）

参考文献

鎌田東二『場所の記憶』岩波書店、一九九〇年（『聖なる場所の記憶』講談社学術文庫、一九九六年）。

鎌田東二『聖地への旅――精神地理学事始め』青弓社、一九九九年。

鎌田東二『聖地感覚』角川学芸出版、二〇〇八年（角川ソフィア文庫、二〇一三年）。

鎌田東二編『日本の聖地文化――寒川神社と相模国の古社』創元社、二〇一二年。

鎌田東二編『究極　日本の聖地』ＫＡＤＯＫＡＷＡ、二〇一四年。

田口ランディ（たぐち・らんでぃ）
1959年東京生まれ。2000年に処女作「コンセント」を発表。人間の心の問題から、宗教、原子力まで幅広い分野で執筆活動を展開している。2001年に「できればムカつかずに生きたい」で第一回婦人公論文芸賞を受賞。著書に『モザイク』『ドリームタイム』『被爆のマリア』『パピヨン』『キュア』『マアジナル』『ヒロシマ、ナガサキ、フクシマ—原子力を受け入れた日本』『サンカーラ—この世の断片をたぐり寄せて』『ゾーンにて』『坐禅ガール』など多数。

津村 喬（つむら・たかし）
1948年東京都生まれ。早稲田大学第一文学部中退。在学中より評論活動を行う。1987年、関西気功協会設立。現在、気功文化研究所所長。気功家、ジャーナリスト。「広義のメディア批評」を唱え、国際政治から日常料理までを論評しながら、生活主権の確立・拡大のために多方面で活動を行う。著書に『気功への道』『気脈のエコロジー——天人合一と深層体育』『実践 伝統四大功法のすべて』『健身気功入門—こころとからだを養生する』『津村喬精選評論集』などがある。

大石 高典（おおいし・たかのり）
1978年静岡県生まれ。総合地球環境学研究所プロジェクト研究員。京都大学農学部卒、同大学院理学研究科博士課程研究指導認定退学。京都大学博士（地域研究）。2002年よりアフリカ・カメルーン共和国の熱帯雨林で人類学調査に従事。大学院生時代に京大植物園を考える会の活動に参加、植物園まつり〈森のヌシ神に捧ぐ〉などの企画にも携わる。主な著作に『人と動物の人類学』『森棲みの社会誌』『アフリカ学事典』（以上、共著）など。

鎌田東二（かまた・とうじ）
1951年徳島県生まれ。國學院大學大学院文学研究科博士課程単位取得退学。岡山大学大学院医歯学総合研究科博士課程単位取得退学。現在、京都大学こころの未来研究センター教授。宗教哲学・民俗学・日本思想史・比較文明学などを幅広く研究。文学博士。フリーランス神主、神道ソングライター。NPO法人東京自由大学理事長。『翁童論』四部作、『神界のフィールドワーク』『宗教と霊性』『神と仏の出逢う国』『聖地感覚』『霊性の文学』『超訳古事記』『古事記ワンダーランド』など著書多数。

【執筆者プロフィール】

原田憲一（はらだ・けんいち）
1946年山梨県生まれ。1970年京都大学理学部卒業。1977年京都大学大学院理学研究科地質学鉱物学専攻博士課程修了（理学博士）。1970年米国ウッズホール海洋学研究所に留学。その後アレキサンダー・フォン・フンボルト財団奨学研究員（ドイツ・キール大学）、米国ワシントン州立大学地質学教室客員講師、山形大学理学部地球環境学科教授、京都造形芸術大学教授などを歴任。現在、至誠館大学学長。著書に『地球について』、共著に『地球環境と公共性』『都市空間を創造する』『地球時代の文明学』など。

田中 克（たなか・まさる）
1943年滋賀県生まれ。京都大学名誉教授。農学博士。2003年京都大学フィールド科学教育研究センター創設とともにセンター長就任。NPO法人森は海の恋人理事。NPO法人SPERA森里海・時代を拓く理事。舞根森里海研究所長。自身の研究と経験から、森林生態系と沿岸浅海域との関連性に着目し、自然のつながりと人の心の再生を目指す「森里海連環学」を提唱する。著書に『森里海連環学への道』『魚類の初期発育』、共著に『干潟の海に生きる魚たち』、監修に『森里海連環による有明海再生への道』など。

湯本貴和（ゆもと・たかかず）
1959年徳島県生まれ。京都大学理学部卒。京都大学大学院理学研究科博士後期課程修了。理学博士。京都大学生態学研究センター助教授、総合地球環境学研究所研究部教授等を経て、現在、京都大学霊長類研究所教授。日本熱帯生態学会評議員、屋久島学ソサエティ会長。専門分野は生態学。大型類人猿を含む霊長類群集と植生構造の比較研究を始めている。著書に『屋久島―巨木の森と水の島の生態学』『熱帯雨林』『熱帯雨林生命の森』などがある。

神谷 博（かみや・ひろし）
1949年東京生まれ。法政大学工学部建築学科卒業。法政大学大学院建設工学科修士課程修了。1977年㈱大谷研究室入社、大谷幸夫教授に師事。一級建築士。1990年㈱設計計画水系デザイン研究室設立、代表取締役。法政大学建築学科兼任講師。2004年から法政大学大学院エコ地域デザイン研究所兼任研究員。日本建築学会雨水活用技術規準刊行小委員会主査、東京都野川流域連絡会座長。著書に『水みちを探る』『井戸と水みち』『雨の建築学』（共著）ほかがある。

磯部洋明（いそべ・ひろあき）
1977年神奈川県生まれ。京都大学理学部卒業。同大学院理学研究科博士課程修了。博士（理学）。日本学術振興会特別研究員（東京大学）。英国・ケンブリッジ大学応用数学理論物理学部客員研究員、京都大学宇宙総合学研究ユニット特定助教、特定講師、特定准教授などを経て、現在、京都大学大学院総合生存学館准教授。著書に『宇宙人類学の挑戦―人類の未来を問う』『最新画像で見る太陽』『環境学―21世紀の教養』（以上共著）、『宇宙のえほん図鑑』（監修）など。

執筆者
◉
原田憲一
田中 克
湯本貴和
神谷 博
磯部洋明
田口ランディ
津村 喬
大石高典
鎌田東二

講座スピリチュアル学
第4巻

スピリチュアリティと環境

2015年8月1日 初版第1刷発行

企画・編者　鎌田東二
発行者　野村敏晴
発行所　株式会社 ビイング・ネット・プレス
〒252-0303 神奈川県相模原市南区相模大野 8-2-12-202
電話 042（702）9213
FAX 042（702）9218
装幀　山田孝之
印刷・製本　モリモト印刷株式会社

ISBN 978-4-908055-04-1 C0310

講座スピリチュアル学　第１巻

スピリチュアルケア

企画・編 **鎌田東二**

はじめに――「講座スピリチュアル学」と「スピリチュアルケア」　鎌田東二

序章　スピリチュアルケアの三次元的構築　伊藤高章

第一部　スピリチュアルケアと宗教・医療

- 現場から見たパストラルケアとスピリチュアルケア、グリーフケア　高木慶子
- スピリチュアルケアと宗教　島薗進
- ホスピス・チャプレンとスピリチュアルケア　窪寺俊之
- スピリチュアルケアの担い手としての宗教者――ビハーラ僧と臨床宗教師　谷山洋三
- スピリチュアルケアとグリーフケアと医療　カール・ベッカー

第二部　スピリチュアルケアとワザ

- スピリチュアルケアと瞑想――高野山大学スピリチュアルケア学科の実践から　井上ウィマラ
- スピリチュアルケアと死生観ワークショップ――伝統仏教寺院を活用した心身統合のスピリチュアルケア学習　大下大圓
- 心理臨床とスピリチュアルケア　滝口俊子

終章　スピリチュアルケアと日本の風土　鎌田東二

講座スピリチュアル学　第２巻

スピリチュアリティと医療・健康

企画・編 **鎌田東二**

はじめに――「講座スピリチュアル学」と「スピリチュアリティと医療・健康」
鎌田東二

序章　統合医療から見た医療・健康とスピリチュアリティ
――地域医療と養生医療の現場から　山本竜隆

第一部　医療とスピリチュリティ
・からだとスピリチュアリティ――終末期医療と気功実践　帯津良一
・代替医療から見たスピリチュアリティ　上野圭一
・アントロポゾフィー医学におけるスピリチュアリティ　浦尾弥須子
・看取りとスピリチュアリティ　大井玄
・変わる人生・社会・ケア――研究実験国家日本の挑戦　長谷川敏彦

第二部　こころとたましいの健康にむけて
・喪失のもの語りとスピリチュアリティ　やまだようこ
・「たましい」の心理臨床　黒木賢一
・緩和医療と「心の治癒力」　黒丸尊治

終章　スピリチュアリティと日本人のいのち観　鎌田東二

講座スピリチュアル学　第３巻

スピリチュアリティと平和

企画・編 **鎌田東二**

地球人選書

講座スピリチュアル学　全7巻

企画・編　鎌田東二

定価（各巻）：1800円＋税

第1巻　スピリチュアルケア

伊藤高章／高木慶子／島薗進／窪寺俊之／谷山洋三／カール・ベッカー／井上ウィマラ／大下大圓／滝口俊子／鎌田東二

第2巻　スピリチュアリティと医療・健康

山本竜隆／帯津良一／上野圭一／浦尾弥須子／大井玄／長谷川敏彦／やまだようこ／黒木賢一／黒丸尊治／鎌田東二

第3巻　スピリチュアリティと平和

小林正弥／阿部珠理／千葉眞／板垣雄三／阿久津正幸／小倉紀蔵／服部英二／内田樹／金泰昌／山脇直司／鎌田東二

第4巻　スピリチュアリティと環境

原田憲一／田中 克／湯本貴和／神谷 博／磯部洋明／田口ランディ／津村 喬／大石高典／鎌田東二

第5巻　スピリチュアリティと教育

西平直／上田紀行／トマス・ヘイスティングス／中川吉晴／中野民夫／矢野智司／吉田敦彦／奥井遼／鎌田東二

第6巻　スピリチュアリティと芸術・芸能

佐々木健一／高橋巖／篠原資明／梅原賢一郎／柿沼敏江／藤枝守／龍村あや子／中島那奈子／鎌田東二

第7巻　スピリチュアリティと宗教

棚次正和／町田宗鳳／鶴岡賀雄／深澤英隆／永沢哲／津城寛文／伊藤雅之／アルタンジョラー／樫尾直樹／鎌田東二